ikon

ECDL | Österreichische Computer Gesellschaft
APPROBIERTES LERNMATERIAL

Online Zusammen-arbeit

ECDL Standard

Team ALGE

Online-Zusammenarbeit

ECDL Modul Standard – Syllabus 1.0

Team ALGE

Auflage 1 / Juli 2014

Österreichische Computer Gesellschaft
APPROBIERTES LERNMATERIAL

ECDL Modul Online-Zusammenarbeit – Syllabus 1.0

Autor: Team ALGE

1. Auflage, Juli 2014

Sdl Neugebäude Weg 8/239
A-1110 Wien
Telefon: +43(01) 347 04 76
E-Mail: sek@alge-edv.at
Internet: www.alge-edv.at

Vertrieb: ikon VerlagsGesmbH
Industriestraße B16
A-2345 Brunn/Gebirge
Telefon: +43(0)2236/35600
Telefax: +43(0)2236/36262
E-Mail: office@ikon.co.at
Internet: www.redmonds.cc
Online-Shop: www.ikon.at

Deckblattgestaltung: Ariane Kascha

Druck: Druck & Medienwerk GmbH, www.dmw-wien.at

Art.Nr: AL-23178 / ISBN: 978-3-99023-178-4

VORWORT

Sehr geehrte Leserin, sehr geehrter Leser,

mit diesem Lernmaterial für den Europäischen Computer Führerschein (ECDL) haben Sie eine gute Wahl getroffen! Die Österreichische Computer Gesellschaft (OCG) bestätigt mit der Approbation, dass dieses Lernmaterial den Qualitätskriterien der ECDL-Initiative entspricht.

Der ECDL ist das weltweit führende Zertifikat für Kompetenz im IT-Anwendungsbereich. Der ECDL wird in 148 Ländern in 41 Sprachen umgesetzt, aktuell nehmen mehr als 11 Millionen Menschen am Programm teil. In Österreich wird der ECDL von der OCG koordiniert und organisiert.

Durch die ECDL-Initiative wurde ein **international einheitliches Niveau** für Computer-Kenntnisse festgelegt. Ein effizienter und sicherer Einsatz der Programme erfordert fundierte praxisrelevante Anwendungskenntnisse. Genau diese Kenntnisse sind daher eine wesentliche Voraussetzung für beruflichen Erfolg am Arbeitsmarkt, für Erfolg in der Schule oder beim Studium.

Ein **ECDL-Zertifikat ist der international anerkannte Nachweis** für Ihre Kenntnisse! Durch die **flexible modulare Struktur** des Zertifizierungsprogramms können Sie wählen, für welche Anwendungsbereiche Sie ein ECDL-Zertifikat erlangen möchten. Informieren Sie sich auf unserer Website www.ecdl.at über den ECDL, oder rufen Sie uns an – wir beraten Sie gerne!

Viel Freude beim Lernen und viel Erfolg bei der ECDL-Prüfung wünscht Ihnen

Dr. Ronald Bieber
Generalsekretär

OESTERREICHISCHE COMPUTER GESELLSCHAFT®
AUSTRIAN COMPUTER SOCIETY

Wollzeile 1 | 1010 Wien
Tel +43 1 512 02 35 - 0
E-Mail info@ocg.at
URL www.ocg.at | www.ecdl.at | blog.ocg.at

Informationen zur Lernunterlage

Zur Darstellung besonderer Aktivitäten im Rahmen der Online-Zusammenarbeit wurden u.a. die kostenlosen Tools von Google herangezogen. Sie benötigen beispielsweise ein Google-Drive-Konto oder Google-Maps, um die Übungen nachvollziehen zu können. Manche Themen wurden auch in Windows 8 dargestellt. Dazu benötigen Sie ein Microsoft-Konto. Auch dieses Service ist kostenlos.

In unserer schnelllebigen Zeit ändern sich die Webauftritte, speziell der sozialen Netzwerke laufend. Jede Erweiterung des Informationsangebots oder die Umsetzung nationaler und internationaler Regelungen erfordern eine Anpassung der Website. So ist es sehr wahrscheinlich, dass manche Abbildung in dieser Unterlage bereits wieder überholt ist.

Der Rechtschreibung wird das Österreichische Wörterbuch zu Grunde gelegt.

Formatierungskonventionen in der Schriftenreihe:

In der Lernunterlage werden nachstehende Zeichen und Symbole verwendet:

START /SCHRIFTART /FETT	auf diese Weise werden Befehlsfolgen dargestellt: Register **START** /Gruppe **SCHRIFTART** /Schaltfläche **FETT** die Schreibweise wird auch für Befehlsfolgen innerhalb von Dialogen verwendet
[Strg] + [V]	die Darstellung entspricht den Eingabetasten auf Ihrer Tastatur und bildet Tastenkombinationen ab
	die Abbildungen stehen für die entsprechenden Schaltflächen im Menüband oder in Dialogen
	ergänzende Hinweise und Informationen zum Thema

Viel Freude und Erfolg beim Erarbeiten

wünscht Ihnen

das Autorenteam ALGE

info@alge-edv.at

INHALT

Der Aufbau dieser Lernunterlage ist der Gliederung des ECDL-Syllabus 1.0 angepasst. Kapitel und Unterkapitel sind daher in der gleichen Nummerierung, wie sie im ECDL-Lernzielkatalog verwendet wird.

Die Nummerierung der Inhaltsangabe nimmt Bezug auf den jeweiligen Punkt des Lernzielkatalogs, den Sie unter http://www.ecdl.at/downloads-ecdl finden.

Einleitung

Dieses Modul behandelt Kenntnisse und Fertigkeiten, die für Einrichtung und Nutzung von Werkzeugen für die Online Zusammenarbeit erforderlich sind, wie zB Speichermedien, Office-Anwendungen, Kalender, soziale Medien (Social Media), Online-Meetings, Online-Lernplattformen und mobile Geräte.

Die Kandidatinnen und Kandidaten sollen

- Grundlagen der Online-Zusammenarbeit (Online Collaboration) und des Cloud-Computing verstehen,
- Konten zur Vorbereitung von Online-Zusammenarbeit einrichten können,
- Online-Speichermedien und web-basierte Office-Anwendungen zur Zusammenarbeit nutzen können,
- Online-Kalender und mobile Kalender nutzen können, um Tätigkeiten zu planen und zu verwalten,
- in sozialen Netzwerken, Blogs und Wikis zusammenarbeiten und interagieren können,
- Online-Meetings planen und abhalten sowie Online-Lernplattformen nutzen können,
- Grundlagen der Anwendung von mobilen Geräten verstehen und Funktionen wie zB E-Mail, Office-Anwendungen und Synchronisation verwenden können.

1 Online-Zusammenarbeit Grundlagen

Häufig werden Dokumente, an denen gemeinsam gearbeitet wird, per E-Mail oder über das Firmennetzwerk ausgetauscht. Die Folge sind verschiedene Versionen der Dokumente und ein verlorener Überblick über die angesammelte Datenmenge. Ganz abgesehen vom Zeitverlust, der durch die herkömmliche Datenübertragung entsteht.

Noch vor wenigen Jahren wurden Briefsendungen, die mit Briefmarke versehen per Post versendet wurden, als Snail Mail (Schneckenpost) bezeichnet. Zum Vergleich hob man die E-Mail hervor, die, kaum in den PC getippt, schon am Rechner des Empfängers eingelangt ist.

Diese schnelle Übertragung verkürzte aber nur den Transport der Nachricht. Die Person, die die Nachricht erhielt, musste die Mail oder deren Anhang (Text, Zeichnung, Video) auf ihren Rechner laden, gegebenenfalls ausdrucken und danach bearbeiten. Das fertige Produkt wurde dann wieder mittels E-Mail an die Geschäftspartner retourniert. Sollte es zu einer weiteren Bearbeitung kommen, wiederholte sich dieses Prozedere. Wie heißt es so schön im Lied: „Ein Hund kam in die Küche…“

Jetzt, da (fast) alle ein Mobiltelefon, ein Smartphone, ein Tablet besitzen oder Zugang zu einem Stand-PC haben, werden die oben zitierten Abläufe zur neuen Schneckenpost. Die Dateien werden nun nicht mehr auf einer Festplatte gespeichert, sondern „in der Cloud“, also irgendwo in der Internetwolke. Es werden keine Anwenderprogramme mehr auf den Laptop geladen, um damit die Datei zu bearbeiten, sondern die „App“ mit dem Online-Programm gestartet und die Dateien des Absenders werden direkt in diesem Online-Speicher überarbeitet. Alle Dateien können danach mit den Geräten aller berechtigten User automatisch synchronisiert werden.

1.1 Grundlegende Kenntnisse

1.1.1 Verstehen, dass IKT (Informations- und Kommunikationstechnologie) die Online-Zusammenarbeit ermöglichen und fördern kann

Noch nie war es einfacher als heute, überall und zu jederzeit mit der gesamten Welt vernetzt zu sein. Aber wer hätte 1971 beim Versand der ersten E-Mail daran gedacht, welche Dimension und welchen Einfluss die Online-Zusammenarbeit innerhalb von 40 Jahren auf unser Leben haben würde?

Manche Geräte und Technologien werden gar nicht mehr verwendet, da die laufend verbesserten Programme zur Datenübertragung viel schnellere Kommunikation ermöglichen.

früher	*heute*
Buschtrommel	Telefon
Postkarte, Telegramm, Fernschreiber	e-mail
Postanweisung (Geldbetrag)	Online-Banking
Barzahlung	Kredit- oder Bankomatkarte
Radioapparat	iPod – iPhone – mp3-Player
Schellack-Platte	Musik-Download
Manuskript an Druckerei auf Papier	FTP-Server
Steuerbescheid als Formular an das Finanzamt	Finanz-Online
Geschäftsreisen	Online-Meeting
Studium (volle Hörsäle)	Virtuelle Klassenzimmer

1.1.2 Die wichtigsten Services/Dienste kennen, die eine Online-Zusammenarbeit unterstützen, wie: Cloud-Computing, mobile Technologien. Die wichtigsten Tools[1] kennen, die eine Online-Zusammenarbeit unterstützen: übliche Office-Anwendungen, soziale Medien, Online-Kalender, Web-Konferenz-Systeme, Online-Lernplattformen

Was versteht man eigentlich unter Cloud-Computing?

Mit der immer weiteren Verbreitung von schnellen Internetanschlüssen und der pauschalen Verrechnung der Übertragungskosten (flatrate) nimmt gleichzeitig die Bedeutung von USB-Sticks, externen Festplatten, CDs und DVDs als Datenträger für den Transport von Daten ab. Mittlerweile ist es deutlich bequemer, seine Daten „in die Cloud" hochzuladen und von dort aus wieder abzurufen, wo immer man sie auch benötigt.

Neben der Datenspeicherung werden auch Anwendungsprogramme vermehrt aus dem Online-Angebot genutzt. Anfangs hat Google diesen Service angeboten, danach hat auch Microsoft seine Produkte für eine Cloud-Nutzung adaptiert (Office 365).

Den kompletten IKT-Betrieb auszulagern, hatten sich vor mehr als zehn Jahren fast nur große Unternehmen zugetraut. Das moderne Outsourcing spielt sich heute in der Cloud ab und ist auch für Klein- und Mittelbetriebe umsetzbar.

Detailliertere Informationen zu diesem Thema finden Sie in Punkt 1.2, ab Seite 14.

[1] engl. tool – dt. Werkzeug, Hilfsmittel

Welche Aufgabenbereiche können mittels Online-Zusammenarbeit abgedeckt werden?

Privater Bereich:

Soziale Medien (Facebook, Twitter, Google+,...)

Bildarchiv und Teilen von Fotos (flickr, Picasa, Ipernity...)

Chat und Instant Messaging (ICQ, Yahoo...)

Web-Mail (GMX, Yahoo, Gmail,...)

Nutzung von Online-Programmen (in Googles Drive, in Microsofts SkyDrive)

Diverse Online-Spiele

Business Bereich:

Zentral verwaltete Dokumente zur gemeinsamen Bearbeitung zB bei Erstellung eines Vertrages oder Produktdokumentation (Dropbox, SkyDrive....)

Gemeinsame Nutzung von Kalender: Zugriff von verschiedenen Personen auch über unterschiedliche Geräte.

Onlinekonferenzen: extreme Ersparnis durch Reduktion von Reisezeit und -kosten. (Citrix Go To Meeting, TeamViewer, Adobe Connect, ...)

Online-Lernplattform (Moodle, Articulate, Ilias,...)

1.1.3 Die wichtigsten Eigenschaften von Tools zur Online-Zusammenarbeit kennen, wie: mehrere NutzerInnen, Echtzeit, globale Reichweite, gleichzeitiger Zugriff

Die Anwender wollen ihre gewohnte sprachliche und visuelle Kommunikation als Basis zur Zusammenarbeit am PC beibehalten, um ihre Arbeit zu erledigen und mit anderen zusammenzuarbeiten. Gerade darauf muss daher die Technik Rücksicht nehmen. Im privaten Bereich ist das kaum ein Problem. Wir kennen unsere E-Mail–Partner und wenn wir chatten, wählen wir uns im gewohnten Chatroom ein. Unser Smartphone ist uns geläufig, wir können die gewünschte Musik mit wenigen Fingergesten aufrufen. Das alles muss aber zwischen den Online-Geräten und der dafür verwendeten Software abgestimmt sein.

Die Betriebssysteme, ob es sich um iOS7 für Apple, Windows 8 oder Android 4.3 handelt, alle müssen die Funktionalität der Telefonie, des Internet-Browsens, der Datenübertragung usw. abdecken. Dazu kommt, dass viele Programme auch einen gleichzeitigen Zugriff verschiedener User auf die gleiche Datei ermöglichen müssen – und das alles auch über größere Entfernung zur nächsten Funkstation.

In einem weltweit agierenden Unternehmen ist es heute bereits unumgänglich, dass die Mitarbeiter Zugriff auf ein gemeinsames Kommunikationsnetz haben, das eine Echtzeitkommunikation ermöglicht, d.h. Nachrichten können zeitgleich geschrieben und gelesen werden. Dieses muss Sprache, Videofunktionalität und Tools für soziale

Vernetzung enthalten, um die globale Reichweite des Unternehmens zu gewährleisten.

Qualität und Stabilität aller Dienstleistungen müssen gewährleistet werden. Das ist insbesondere im Bereich der Sprachkommunikation eine Herausforderung, da die Benutzer hier hohe Servicestandards in puncto Sprachqualität und Verfügbarkeit bei einer Vielzahl verschiedener Betreiber, Netze und Endgeräte gewohnt sind.

1.1.4 Die Vorteile beim Gebrauch von Tools zur Online-Zusammenarbeit kennen, wie: gemeinsame Nutzung von Dateien und Kalendern, geringere Reisekosten, Vereinfachung der Kommunikation, vereinfachte Teamarbeit, globaler Zugriff

In der Cloud können Anwendungsfunktionalität und Rechenleistung als global verfügbarer Dienst bezogen werden. Es wird dabei nur der Anteil bezahlt, der tatsächlich genutzt wird. Das gilt für die Nutzung von Rechenkapazität (Grid Computing), über Programmnutzung bis hin zur Kapazität, die für Dateiablage oder Datensicherung verwendet wird.

Auf dieser Basis können die User sämtliche Daten mit anderen teilen und weltweit darauf zurückgreifen.

Die Cloud eignet sich jedoch nicht für sämtliche Aufgabenstellungen, die eine IT-Abteilung zu bewältigen hat. Es gilt also, die neuen Angebote systematisch zu prüfen und mittelfristig mit dem eigenen Leistungsangebot abzustimmen.

1.1.5 Sich der Gefahren bewusst sein, die im Zusammenhang mit der Verwendung von Tools zur Online-Zusammenarbeit stehen, wie: unberechtigter Zugriff auf gemeinsame Dateien, mangelhafte Handhabung der Versionsverwaltung, Bedrohung durch Malware, Identitätsdiebstahl und Datendiebstahl, Service-/Dienstunterbrechungen

Zugangskontrolle zu Dateien

Fast alle Betriebssysteme bieten eine sichere Zugriffskontrolle durch Benutzerregistrierung. Der Administrator legt für jede Person, die in das System einsteigen darf, ein Benutzerkonto an. In diesem wird festgehalten, welche Rechte der jeweilige Benutzer hat und mit welchem Passwort (Kennwort) er sich beim Einstieg identifizieren muss.

In gleicher Weise wird auch der Zugang zu den Dateien beim Cloud-Computing geregelt. Jeder Besitzer von Ordnern oder Dateien, die in der Wolke gespeichert sind, kann anderen Personen dazu den Zugang freigeben (Kontaktfreigabe) oder einen entsprechenden Link dazu mitteilen. Dadurch wird der Benutzerkreis festgelegt und Zugriffe durch unerwünschte Anwender/innen verhindert.

In allen Online-Anwendungen ist die Zugangskontrolle von großer Bedeutung. Es soll daher für jede Anwendung, die genutzt wird, ein unterschiedlicher Zugangsname verwendet werden und die Kennworte in regelmäßigen Abständen geändert werden.

Beachten Sie bei den verschiedenen Musteranmeldungen in dieser Unterlage die diesbezüglichen Abbildungen auf den Seiten 23, 28 oder 78.

Abgleich der Anwendungsdateien

Alle Mitglieder einer Nutzergruppe die Zugriff auf bestimmte Dateien haben, können diese Bearbeitungsberechtigung jedoch nur nutzen, wenn das entsprechende Betriebssystem bzw. das notwendige Anwendungsprogramm diese Dateien lesen kann. Viele Programme bieten daher unterschiedlichen Dateitypen an, mit denen das Dokument so gespeichert werden kann, dass es von anderen Gruppenmitgliedern genutzt werden kann. Als typisches Beispiel kann hier das Format *.pdf angeführt werden. Dieses **P**ortable **D**ocument **F**ormat ist ein plattformunabhängiges Dateiformat, das von verschiedenen Herstellern teils auch kostenfrei angeboten wird.

Verschiedene Programmversionen

Ist jedoch die Bearbeitung von Dateien auf ein bestimmtes Programm beschränkt, so muss sichergestellt werden, dass alle Gruppenmitglieder über die gleiche oder zumindest kompatible Programmversion verfügen. So braucht man für die Bearbeitung von Office-Dokumenten von Microsoft (Word, Excel, PowerPoint...) diese Programme auf dem Rechner des jeweiligen Gruppenmitglieds. In Unternehmen, in denen Online-Computing betrieben wird, werden daher die Administratoren genau die Übereinstimmung der Programmversionen achten. Unterschiedliche Dateiversionen führen zu unangenehmen Versionskonflikten, die es zu vermeiden gilt.

Datensicherheit, Dienst- und Serviceunterbrechungen

Neben diesen Programmabstimmungsbedarf haben die Administratoren auch darauf zu achten, dass die Datensicherheit gegeben ist. Die Online-Nutzung birgt die Gefahr Daten zu verlieren. Das kann durch Ausfall der Hardware (Server) beim Online-Speicher- oder Online-Programm-Anbieter passieren oder durch unberechtigten Zugriff fremder Personen auf die Daten.

Bei der Auswahl des Dienstleistungsanbieters muss daher auf die Seriosität des Unternehmens und die Qualität seiner Hardwareausstattung Bedacht genommen werden. Der Zugriff auf die Daten kann zu prekären Folgen führen. Umgeleitete oder ausspionierte Daten können im privaten Bereich (zB Identitätsdiebstahl und Missbrauch der persönlichen Daten) genauso Schaden anrichten wie bei Unternehmen, deren Verkaufskonzepte oder Produktentwicklung in falsche Hände geraten (siehe auch Punkt 1.2.3, Seite 16).

Definition und Funktionsweise von Malware

Als Malware bezeichnet man Computerprogramme, die unerwünschte, meist auch schädliche Aktionen ausführen.

Oft wird „Computervirus" irrtümlich (leider auch von Fachleuten) als Synonym von Malware verwendet, was darauf zurückzuführen ist, dass Viren die ersten Schadprogramme waren, die die Computerleistung beeinträchtigten. In der Zwischenzeit sind

Schädlinge mit ganz unterschiedlichen Arbeitsweisen entwickelt worden, sodass eine genaue Differenzierung dieser Programme notwendig wurde. Als Sammelbegriff hat sich das Kunstwort *Malware*, zusammengesetzt aus malicious (bösartig) und Software etabliert.

Bezeichnung - Wirkung

Virus

Ein einfacher Virus wird durch Aufruf des Programmes, in dem er sich eingenistet hat, aktiv. Er verbreitet sich durch Aktivierung der infizierten Datei auch auf andere Dateien und innerhalb des Netzwerkes. Je nachdem, wo der Virus wirkt, unterscheidet man Computer-, Datei-, System-, Makro- und Bootviren.

Wurm

Die Wirkung entspricht dem eines einfachen Virus. Er verbreitet sich allerdings automatisch, beispielsweise über das Adressmaterial für E-Mails. Dazu nutzt er die Sicherheitslücken des Betriebssystems.

Trojaner

Programme, die als nützliche Anwendung in das Computersystem eingeschleust werden, im Hintergrund aber ohne Wissen des Anwenders eine andere Funktion erfüllen, meist zum Schaden des Anwenders. Mit solchen Programmen kann der Hacker Passwörter oder Tastatureingaben herausfinden, um damit einen Zugang in den Computer, aber auch auf Bankkonten des Anwenders zu erlangen. Je nach Infektionsfunktion werden differenzierte Begriffe verwendet: Backdoor-Trojaner, PWS-Trojaner, Trojan-Downloader …

DoS-Attacken

Denial of Service (DoS)-Attacken, die im Internet zur Beeinträchtigung von Webservices führen; zB kann es durch die Versendung einer Vielzahl von E-Mails oder durch Bombardierung von Anfragen zur Überlastung von Servern kommen. Dadurch können andere Aktionen nicht mehr hinreichend ausgeführt werden. Die Server sind durch Überlastung nicht mehr erreichbar.

Spyware

Durch Spy (spionieren) wird das Online-Verhalten von Webnutzern beim Surfen aber auch bei der Datenübertragung zu Online-Speicher und Online-Programmen ausspioniert und dieses Wissen an andere weiter gegeben.

Phishing

Die Betrüger verschicken Mails oder leiten Sie auf eine gefälschte Webseite. Darin geben sie sich als Ihr Geschäftspartner aus und fragen nach Identifikations- (PIN) und Transaktionsnummer (TAN). Mit diesen Daten können sich die Betrüger leicht in Ihre Offline-Datenhaltung einloggen.

Einige Tipps zur Sicherheit bei Ihren Internetaktivitäten

- Niemals ohne Virenscanner Internet Surfen
- Niemals auf Kiosk-PCs Internet Banking durchführen
- Niemals in öffentlichen WLAN Umgebungen Internet Banking, oder ähnlichen sensible Aktionen durchführen
- Niemals *.exe Files oder *.zip Dokumente aus E-Mails öffnen; immer erst nach erfolgtem Viren-Check
- Niemals der Aufforderung nach Installation eines Video Codecs auf einer Webseite nachkommen
- Bei auffälligen E-Mail Anhängen, diese immer ONLINE vor dem Öffnen überprüfen lassen, zB: www.virscan.org
- Ändern Sie sofort nach der Installation eines Gerätes oder Programms das Default Passwort (vom Hersteller eines Produktes standardmäßig zugewiesene Passwort) und ersetzen Sie dieses durch ein möglichst langes, aus unterschiedlichen Zeichen zusammengesetztes eigenes Passwort.
- Geben Sie persönlichen Daten nur über gesicherte Webseiten (https://) ein

1.1.6 Die Bedeutung des Rechts auf geistiges Eigentum verstehen und die jeweiligen Bedingungen für die Verwendung von Inhalten bei der Online-Zusammenarbeit kennen

Urheberrecht

Das Urheberrecht schützt die materiellen und geistigen Interessen des Verfassers eines Werkes und dessen geistige Schöpfung. Besondere Bedeutung erlangen diese Regelungen bei der Verwertung von Ton- und Bildträgern in Form von CDs und DVDs die über eine Online-Plattform heruntergeladen werden. Schutzwürdig sind aber auch die im Internet downloadbaren Dateien – egal ob Musik, Video, Programme, Datenbanken oder im Internet veröffentlichte Texte.

Werden Texte aus bereits veröffentlichten Werken verwendet, so muss dies als Zitat gekennzeichnet werden oder dafür eine Quellenangabe gemacht werden.

> *Als Zitat werden wörtliche oder sinngemäße Übernahmen von Textstellen sowohl in wissenschaftlichen und Fachpublikationen als auch in anderen Zusammenhängen (Journalismus, öffentliche Debatte usw.) bezeichnet. (Wikipedia)*

Die Verwertung dieses geistigen Eigentums obliegt ausschließlich dem Autor. Nur er kann über die Nutzung, Veröffentlichung und Verbreitung dieses Werkes verfügen.

Der Urheber eines Werkes kann auf dieses Recht hinweisen, um damit zu dokumentieren, dass eine widerrechtliche Verwendung untersagt ist. Daher finden Sie meist noch das Copyright-Zeichen © vor dem Namen des Rechtsinhabers. Sowohl dem Österreichischen als auch dem Deutschen und Schweizerischen Recht entsprechend ist das Urheberrecht auch ohne diesen Zeichen wirksam.

1.2 Cloud-Computing

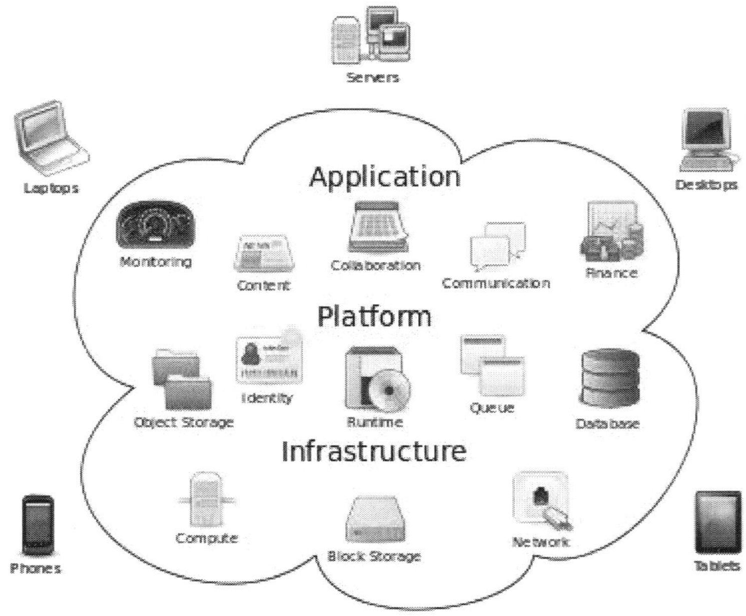

Quelle: wikipedia

1.2.1 Verstehen, wie Cloud-Computing die Zusammenarbeit online und mobil ermöglicht, u.a. durch Speichern von Dokumenten und Dateien, die zur gemeinsamen Bearbeitung freigegeben sind und den Zugriff auf verschiedene Online-Anwendungen und Tools

Cloud Computing bezeichnet das dynamisch an den Bedarf angepasste Anbieten, Nutzen und Abrechnen von IT-Dienstleistungen über ein Netz. Angebot und Nutzung dieser Dienstleistungen erfolgen dabei ausschließlich über definierte technische Schnittstellen und Protokolle. Die Spannbreite der im Rahmen von Cloud Computing angebotenen Dienstleistungen umfasst das komplette Spektrum der Informationstechnik und beinhaltet unter anderem die Infrastruktur (zB Rechenleistung, Speicherplatz), Plattformen und Software. - Definition nach BSI

Bundesamt
für Sicherheit in der
Informationstechnik

Man könnte sagen, Cloud-Computing ist eine Erweiterung des klassischen IT-Outsourcings, also der Methode, EDV-Dienstleistungen nicht mehr im eigenen Haus durchzuführen, sondern gewisse Teile an andere Unternehmen auszulagern.

1.2.2 Vorteile von Cloud-Computing für NutzerInnen kennen, wie: verringerte Kosten, erhöhte Mobilität, Flexibilität der Anwendungsmöglichkeiten, automatische Aktualisierung

Die Dienstleistungen im Cloud-Computing werden gewöhnlich in drei Gruppen unterteilt:

1. **Software as a Service (SaaS)** - Sämtliche Angebote von Anwendungen, die den Kriterien des Cloud-Computing entsprechen, fallen in diese Kategorie. Dem Angebotsspektrum sind hierbei keine Grenzen gesetzt. Beispiele: Kontaktdatenmanagement, Finanzbuchhaltung, Textverarbeitung oder Kollaborationsanwendungen.
   Bei diesem Modell installieren sich User keine Applikationen mehr auf ihren Rechnern, sondern greifen über einen Webbrowser auf die Applikation zu.
2. **Infrastructure as a Service (IaaS)** - Bei IaaS werden IT-Ressourcen (Rechenleistung, Datenspeicher oder Netze) als Dienst angeboten. Der Cloud-Kunde kann dabei die Rechenleistung, Arbeitsspeicher und Datenspeicher anmieten und darauf ein Betriebssystem mit Anwendungen seiner Wahl laufen lassen.
3. **Platform as a Service (PaaS)** - Ein PaaS-Provider stellt eine komplette Infrastruktur bereit und bietet dem Kunden auf der Plattform standardisierte Schnittstellen an, die von Diensten des Kunden genutzt werden. So kann die Plattform zB Mandantenfähigkeit, Skalierbarkeit[2], Zugriffskontrolle, Datenbankzugriffe als Service zur Verfügung stellen. Der Kunde hat keinen Zugriff auf die darunterliegenden Schichten (Betriebssystem, Hardware), er kann aber auf der Plattform eigene Anwendungen laufen lassen, für deren Entwicklung der Provider in der Regel eigene Werkzeuge anbietet.

Vorteile

Diese Gliederung zeigt auch schon die wesentlichen Vorteile. Neben der Kosteneinsparung bei Hardwareinvestitionen (Anpassen der jeweils benötigten Speicherkapazität) können auch Mitarbeiterkosten (Systemadministration und Datensicherung) und der Aufwand für Programmlizenzen reduziert werden (Sie zahlen nur mehr, was sie auch genutzt haben - Pay per Use). Außerdem kann auf diese extern gespeicherten immer aktuellen Daten von verschiedenen Orten (im Unternehmen, von zu Hause, vom öffentlichen Kiosk) zugegriffen werden. Dabei ist es egal, ob das über einen DeskTop-PC, ein Tablet oder per Smartphone erfolgt. Vorausgesetzt, ein Internetanschluss steht zur Verfügung und man hat die passende Zugriffsberechtigung.

Anbieter

Viele Vorteile, die durch professionelle Anbieter wie beispielsweise Dropbox, gewinnbringend umgesetzt werden. Es ist daher kein Wunder, dass sich die Großen der IT-Branche in der Cloud tummeln: Microsoft bietet SkyDrive (siehe Anhang

[2] problemlose Leistungserweiterungsmöglichkeit von Hard- und Software

Seite 105), Google setzt auf Google Drive (siehe Punkt 2.2.2, Seite 28) und Apple versucht es mit der iCloud. Diese Dienste erlauben zwischen fünf und sieben Gigabyte kostenlosen Speicherplatz - das ist wesentlich mehr, als Dropbox anbietet. Auch bei größerem Speicherbedarf locken die Konzerne mit relativ niedrigen Preisen. Google Drive etwa verlangt für 100 Gigabyte fünf US-Dollar im Monat.

1.2.3 Risiken von Cloud-Computing kennen, wie: Abhängigkeit vom Provider, Datenschutz und Datensicherheit, mögliche Verletzung der Privatsphäre

Was auf der einen Seite zum Vorteil der Cloud-Kunden wird, birgt jedoch auch Gefahren.

- Wie finanzkräftig ist Ihr Cloud-Anbieter? Gibt es diesen auch noch im nächsten Jahr und bietet er dann auch noch meine derzeit genutzte Software an oder muss ich auf ein neues Update umsteigen?
- Sind die ausgelagerten Daten vor fremden Zugriff sicher?
  Diese Frage richtet sich nicht nur auf die Möglichkeit, dass der Provider gehackt wird, sondern genauso auf die Gefahr, dass durch undichte Stellen innerhalb der Mitarbeiterschaft Daten in falsche Hände geraten.
- Werden Ihre Daten unter Umständen vom Provider an Interessenten weitergeleitet (verkauft)?
- Wie weit wird damit in Ihre Privatsphäre eingegriffen?

Vertiefende Ausführungen finden sich in der ECDL-Lernunterlage zum Thema *IT-Security*. ISBN: 978-3-902778-96-3.

2 Vorbereitungen zur Online-Zusammenarbeit

In unserer vernetzten Welt reicht es nicht mehr, Daten in der Cloud nur zu speichern. Vielmehr ist es notwendig, dass ein Dokument gemeinsam von mehreren Personen bearbeitet wird. Aufwendige Abstimmungsprozesse per E-Mail und unterschiedliche Dateiversionen, die sich die beteiligten Personen zusenden, kosten viel Zeit und verhindern, dass man sich aufs Wesentliche konzentriert.

Durch die Entwicklung so genannter Collaboration-Tools haben sich einige Anbieter darauf spezialisiert, diesen neuen Anforderungen gerecht zu werden, und umfangreiche Funktionen zur Online Zusammenarbeit bereitgestellt.

Die Funktion des File Sharing[3] bietet Anwendern beispielsweise die Möglichkeit, gemeinsam an Dateien zu arbeiten und Feedback zu erhalten. Das Dokument steht allen beteiligten Personen permanent und aktuell zur Verfügung.

Weitere Funktionen wie die

- Aktualisierung von Dateien
- Volltextsuche oder eine
- Kommentarfunktion

erleichtern die Zusammenarbeit erheblich und sorgen für eine deutliche Effizienzsteigerung. Kollegen, Dienstleister und Geschäftskunden können so besser in den Prozess eingebunden werden.

Wirtschaftlichkeit

Investitionen zu diesem Thema lohnen sich. Die Lösungen machen sich oft in kurzer Zeit bezahlt. Dazu zählen Einsparungen bei Reisekosten, spürbar höhere Produktivität der Mitarbeiter und die Beschleunigung von Unternehmensprozessen, beispielsweise in der Produktentwicklung oder bei Projekten.

[3] gemeinsamer Datenzugriff

2.1 Allgemeine Merkmale

Nach welchen Kriterien können die verschiedenen Tools verglichen werden? Stellen wir zunächst fest, welche Anforderungen wir an den jeweiligen Anbieter stellen:

Nutzen	*Kriterium*	*Bewertung*
Daten speichern	Speichervolumen in GB	
Zugriffsmöglichkeit	Zusätzliche Programme oder PlugIns	
Sicherheit	Passwort und Verschlüsselungssystem	
Einrichtung / Bedienung	Bekannte Oberfläche Notwendige Schulung	
Kosten	Einmalinvestition / Abo-Vertrag Bedarfsorientierte Zahlung	
Kundenservice	Hotline	

2.1.1 Verstehen, dass die Installation zusätzlicher Anwendungen oder Plug ins notwendig sein kann, um ein bestimmtes Tool zur Online-Zusammenarbeit nutzen zu können

Die Webbrowser, also jene Programme, die die Darstellung von Webseiten im World Wide Web ermöglichen, können viel, aber doch nicht immer alles. Für manche Arbeiten sind dann zusätzliche Programme notwendig. Diese werden unter den Begriffen Add-on und Plug-in zusammengefasst.

Add-on: Programmmodule, die die bestehende Software erweitert. So wird beispielsweise ein Computerspiel durch ein zusätzliches Add-on in seinem Spielumfang ausgeweitet (zusätzliche Problemstellungen, weitere Spielfiguren…)

Plug-in: Diese unterstützen den Browser bei der Verarbeitung besonderer Webinhalte wie Flash- oder Windows Media-Dateien. Der Browser kann mit Hilfe von Plug-ins Daten auf Webseiten verarbeiten, die nicht in browsertypischen Dateiformaten (HTML, JavaScript usw.) vorliegen, wie zB Streaming-Video-/Audio-Formate, Applets, PDF oder Flash. Nutzer können nur dann auf diese Inhalte zugreifen, wenn sie das für ihren Browser und ihr Betriebssystem passende Plug-in installiert haben.

Typische Beispiele sind

- Adobe Flash Player
- Adobe Reader
- Java
- Windows Media Player
- Real Player
- QuickTime
- Microsoft Silverlight

Stellt der Browser beim Start eines Programms oder im Zuge einer Bearbeitung fest, dass ein besonderes Plug-in notwendig ist, so wird in den meisten Fällen das in Form einer Meldung am Bildschirm angezeigt. Nach Bestätigung zur Installation durch den User wird das Zusatzprogramm meist automatisch geladen und installiert.

2.1.2 Übliches Zubehör für die Online-Zusammenarbeit kennen: Webcam, Mikrofon, Lautsprecher

Multimedia – Kommunikationsgeräte

Die Dateneingabe in den Computer erfolgt über Zusatzkomponenten, die in vielen Fällen bereits im Gehäuse eingebaut sind oder extern über eine Schnittstelle mit dem Motherboard verbunden sind. Die bekannten Standard-Eingabegeräte sind bekanntlich die Tastatur, die Maus oder ein berührungssensitiver Monitor, der mittels Fingergesten bedient wird.

Komponenten, die außerhalb des PCs angeschlossen werden (echte Peripherie), sind über Kabel und Stecker mit dem Hauptgerät verbunden. Die dafür passenden Steckplätze sind meist gut beschrieben und/oder mit standardisieren Farben gekennzeichnet.

Gerät	***Technologie - Leistung***
Soundkarte	Hardware, die analoge Signale in digitale Signale umwandelt. Meist ist die „Karte“ im Motherboard integriert. Für excellente Qualität ist jedoch eine zusätzliche Soundkarte vorzuziehen.  Der Anschluss erfolgt über den PCI-Bus oder extern über USB. 
Mikrofon	Der Kontakt zum PC kann mittels Kabel erfolgen oder als Wireless (drahtloses)-System den User freie Bewegung im Raum ermöglichen. Ein wesentliches Qualitätskriterium ist der Übertragungsbereich (zB 40 – 20.000 Hz). Je nach Qualität bewegen sich auch die Preise sehr unterschiedlich. 
Headset	Headsets vereinfachen das Telefonieren im Internet. Diese können mit zwei oder nur mit einer Ohrmuschel ausgestattet sein. Für unterwegs eignen sich Sets, die im In-Ear-Design (Gehörganghörer) ausgerüstet sind. 

Gerät	*Technologie - Leistung*
Lautsprecher	 Hier ist der Leistungsumfang und dazu die Preisspanne am Größten. Der einfache, im PC oder Laptop eingebaute Lautsprecher genügt gerade für das schnelle Mithören eines Telefonates oder die Wiedergabe einer CD. Wer allerdings Wert auf hohe Qualität legt, wird um entsprechende Zusatzgeräte nicht umhinkommen. Im Idealfall sollte ein Lautsprecher alle Frequenzen im Hörbereich (20–20000 Hz) gleich laut wiedergeben. In der Praxis sind Abweichungen bis ± 0,5 dB für das menschliche Ohr nicht unterscheidbar, Abweichungen bis etwa ± 2 dB gelten hörtechnisch als nicht störend.
Web-Kamera	Eine Webcam ermöglicht bei persönlichen Gesprächen mit Freunden und Geschäftspartnern, egal ob vom Büro oder einem Hotelzimmer in Paris aus, die aktuelle Bildübertragung.  Ferner können regelmäßig Bilder aufgenommen (zB Wetterdienst) und auf Webseiten veröffentlicht werden. Eine WebCam kann auch mit Mikrofon kombiniert sein,wodurch die Kommunikation noch komfortabler abläuft.
MP3-Player	 Ein MP3-Player ist ein (meist) tragbares Gerät zur Wiedergabe von Audiodateien im MP3-Format. Viele MP3-Player können auch weitere Audioformate abspielen, wie AAC, WMA, FLAC oder Ogg Vorbis.
Smartphone - iPhone	 Smartphones sind Mobiltelefone, die mehr Computerfunktionalität als herkömmliche Mobiltelefone zur Verfügung stellen. Aktuelle Smartphones lassen sich meist über zusätzliche Programme (sogenannte Apps) vom Anwender individuell mit neuen Funktionen aufrüsten. Ein Smartphone kann auch als ein kleiner transportabler Computer (PDA bzw. Tablet-Computer) mit zusätzlicher Funktionalität eines Mobiltelefons verstanden werden. In ihm verbinden sich Computer, Telefon, Kamera und Musikcenter zu einer geschlossenen Einheit. Apple gab seinen Gerät den Namen iPhone, der schärfste Mitbewerber ist Samsung mit dem Galaxy.

2.1.3 Verstehen, dass Firewall-Einstellungen zu Problemen bei der Nutzung eines Tools zur Online-Zusammenarbeit führen können

Die Funktion und die Grenzen einer Firewall kennen

Der Sinn einer Firewall ist der Schutz des Computers bei Zugriff aus dem Internet. Sie ist allerdings nicht in der Lage, zwischen gewünschtem und nicht gewünschtem Datenverkehr zu unterscheiden. Eine Firewall gestattet nur jene Datenübertragungen, die ausdrücklich zugelassen werden. Mit diesem Instrument können Sie daher den Computer vor Sicherheitsrisiken wie etwa dem Diebstahl Ihrer persönlicher Daten schützen.

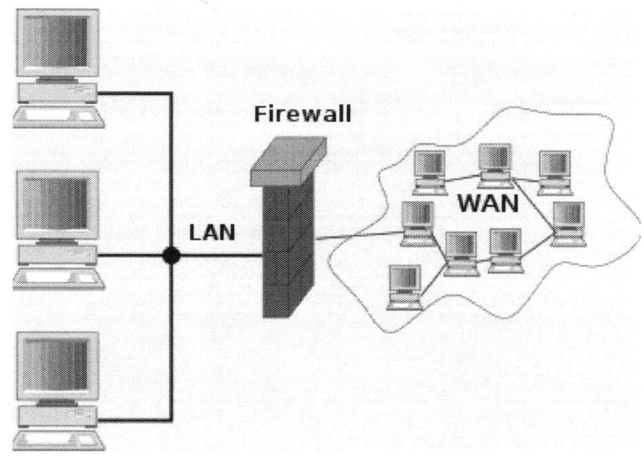

Dieser Schutz kann in Form eines eigens konzipierten Servers erfolgen oder als Software am jeweiligen Rechner installiert sein.

In den neuen Windows-Betriebssystemen ist bereits eine Firewall integriert.

Personal Firewall

Eine Personal Firewall oder *Desktop Firewall* ist eine Software, die den eingehenden und ausgehenden Datenverkehr direkt auf dem einzelnen Computer filtert. Dazu wird bei jedem einzelnen Programm und jeder Kommunikation beim Benutzer nachgefragt, ob er das erlauben will oder nicht. Diese Informationen sind dann die Grundlage der Überprüfung. Sobald die Regeln für die am häufigsten verwendeten Programme erstellt sind, kommt es nur noch gelegentlich zu Nachfragen.

Im Gegensatz zur Netzwerk-Firewall filtert die Personal Firewall nur die Kommunikation des lokalen Rechners mit dem Netzwerk. Sie filtert nicht den Verkehr zwischen zwei Netzwerken.

Kommunikation zwischen Computern zulassen

Standardmäßig werden die meisten Programme von einer Windows-Firewall blockiert, um dabei zu helfen, den Computer sicherer zu machen. Einige Programme erfordern die Kommunikation durch die Firewall, um ordnungsgemäß zu funktionieren.

Die nachstehende Abbildung gibt einen Überblick über die Möglichkeiten zur Einstellung der Firewall von Windows.

Aufruf über die **SYSTEMSTEUERUNG /WINDOWS-FIREWALL /ZUGELASSENE PROGRAMME**

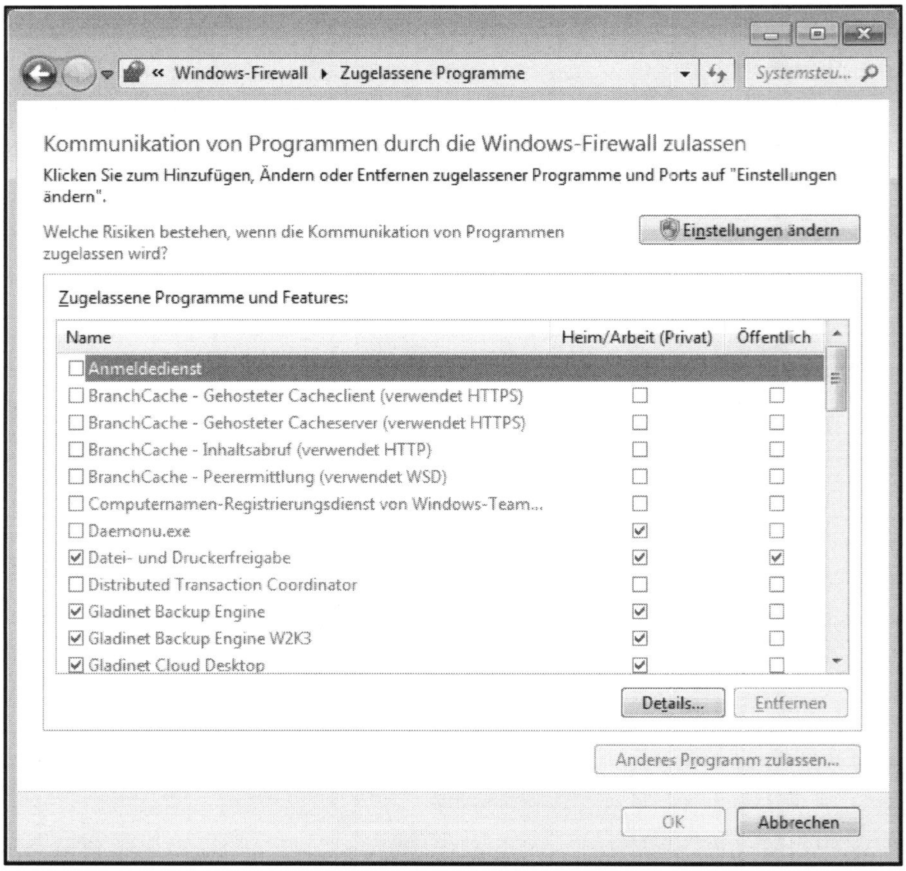

Sollte daher Ihre Firewall das eine oder andere Programm zur Nutzung der Online-Zusammenarbeit blockieren, so stellen Sie Ihre Firewall auf die Verwendung dieser Tools um.

2.2 Setup

Computernetze (Internet, Intranet) eignen sich zur Weiterleitung jeglicher Daten. So auch zum Telefonieren (VoIP), den Zugang zur Datenspeicherung im Internet (Cloud) oder zum Instant Messaging (IM – sofortige Nachrichtenübermittlung). Voraussetzung ist allerdings, dass dafür ein entsprechendes Programm zur Verfügung steht.

2.2.1 Download von Software, die eine Online-Zusammenarbeit ermöglicht, ausführen, wie: VoIP, IM, Dokument-Sharing (gemeinsame Nutzung von Dokumenten)

Die Nutzung der meisten Programme und Tools zur Online-Zusammenarbeit bedingt, dass das entsprechende Programm am Computer zur Verfügung steht. Fast alle Anwendungen gehen hier den gleichen Weg: Download des Tools, Einrichten der individuellen Einstellungen. Der Einfachheit halber wird an dieser Stelle das Programm *Skype* herangezogen.

Installieren von Skype

1. Rufen Sie die Website von Skype: www.skype.com auf.
2. Aktivieren Sie den Link **DOWNLOADS** (**SKYPE HERUNTERLADEN**) und darin den Eintrag für Ihr System – hier **COMPUTER**.

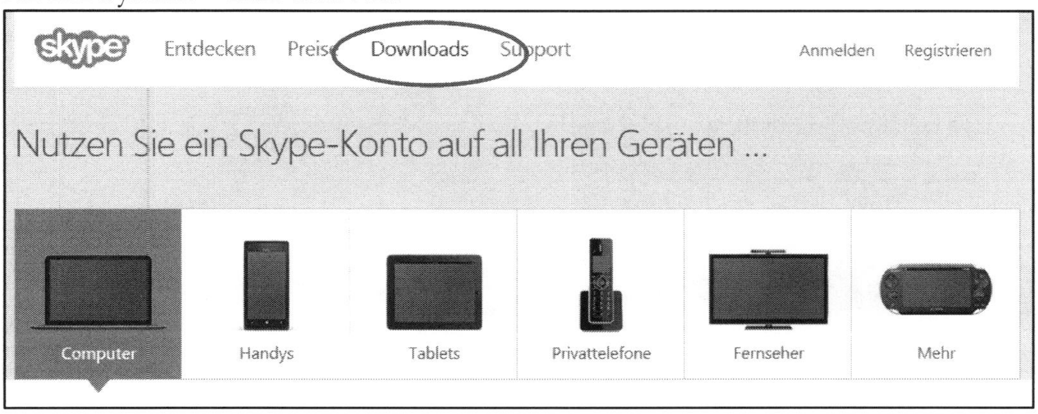

3. Klicken Sie auf die Schaltfläche **SKYPE FÜR WINDOWS-DESKTOP HERUNTERLADEN.** oder wählen aus dem weiteren Angebot Ihr Betriebssystem aus.

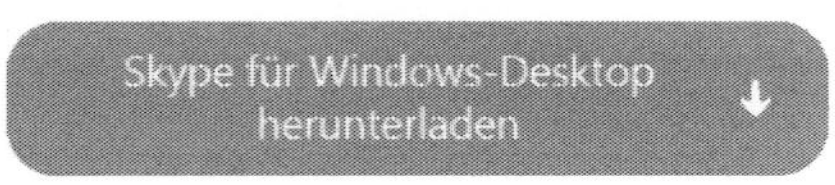

Es wird ein Anmeldeformular eingeblendet, das – Sie kennen diese Inhalte vielleicht bereits aus den E-Mail-Kontoanmeldungen – mit den persönlichen Daten ausgefüllt werden muss.

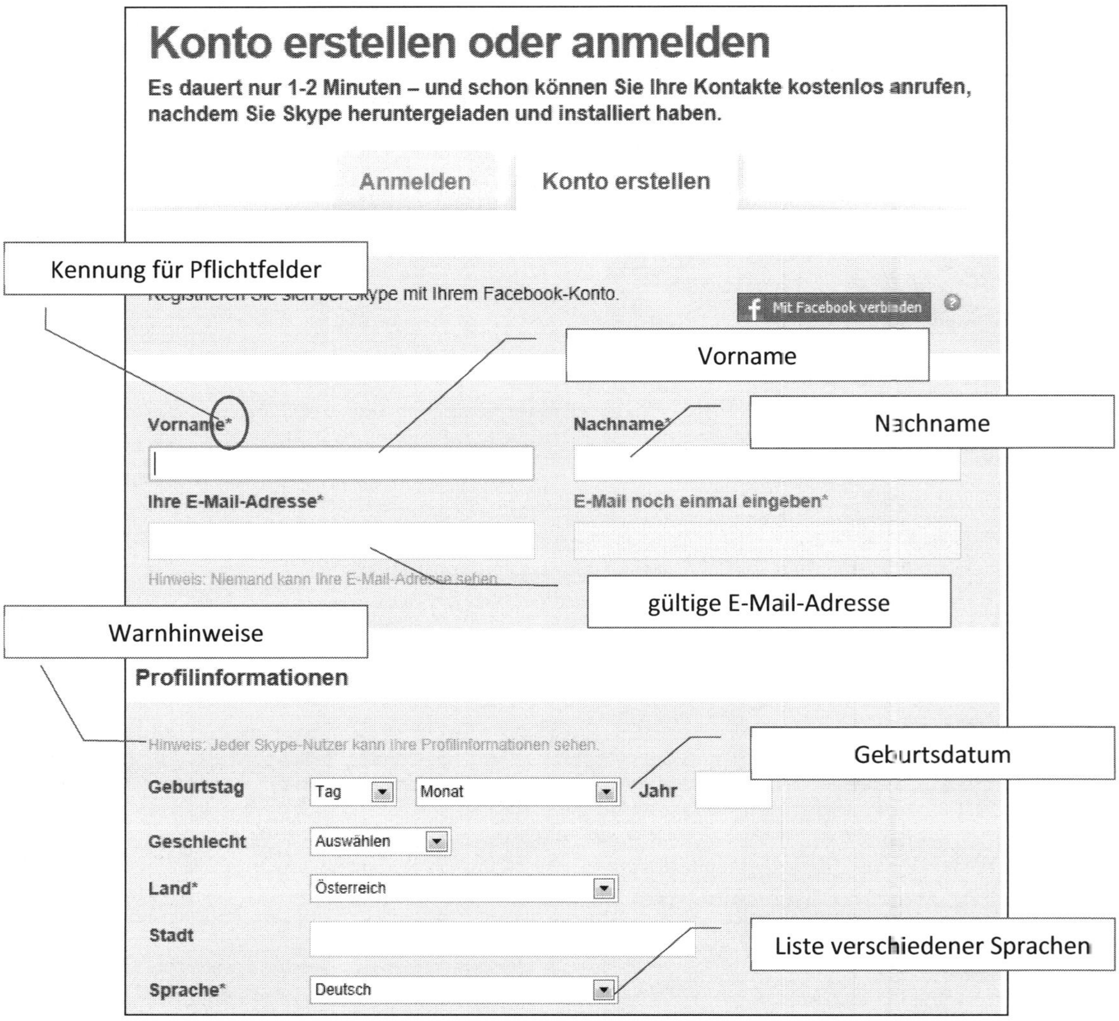

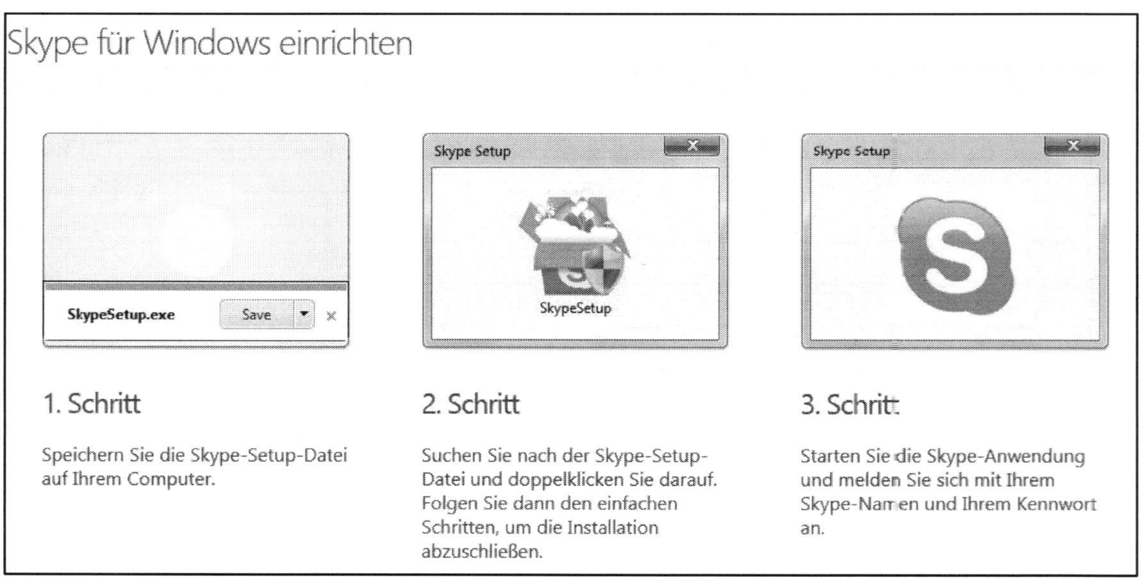

4. Die Installationsanleitung hilft Ihnen bei der Einstellung.

5. Beachten Sie dabei die Auswahl der Sprache und erst nach Zustimmung der Nutzungsbestimmungen gelangen Sie zum Anmeldefenster.

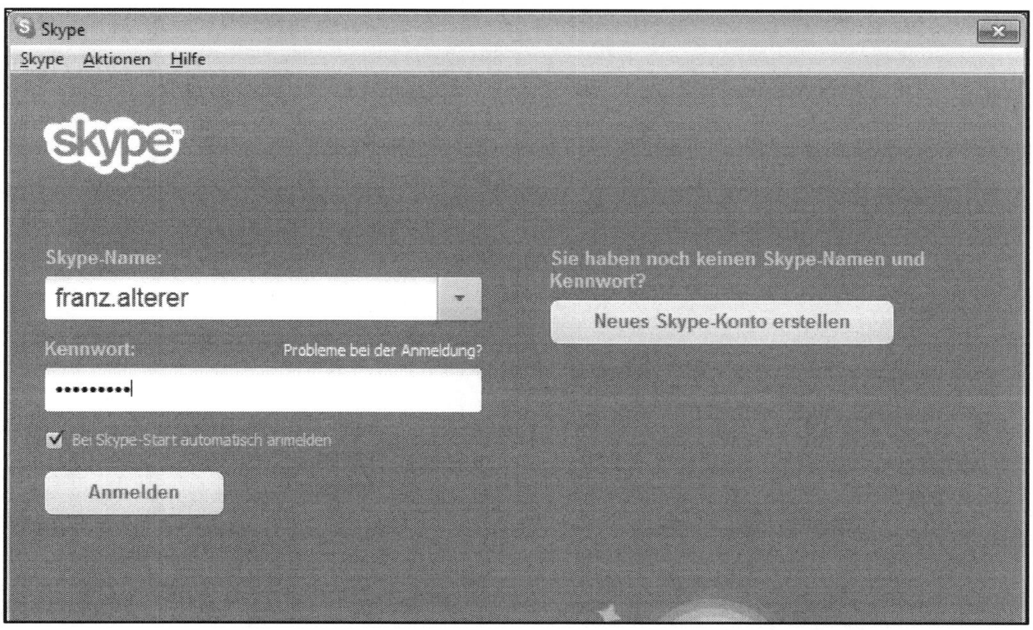

6. Füllen Sie die Formularfelder aus und klicken zuletzt auf **ANMELDEN**.
   Die Eingaben werden durch das System kontrolliert und Sie werden als neuer User registriert.

Kontakte hinzufügen

1. Damit Sie mit anderen Teilnehmern eine Verbindung aufbauen können, müssen Sie einen neuen Kontakt zu dieser Person anlegen. Wählen Sie dazu im Skype-Fenster **KONTAKTE /KONTAKT HINZUFÜGEN/SKYP NUTZERVERZEICHNIS DURCHSUCHEN...** oder klicken auf die Schaltfläche **KONTAKT HINZUFÜGEN.**

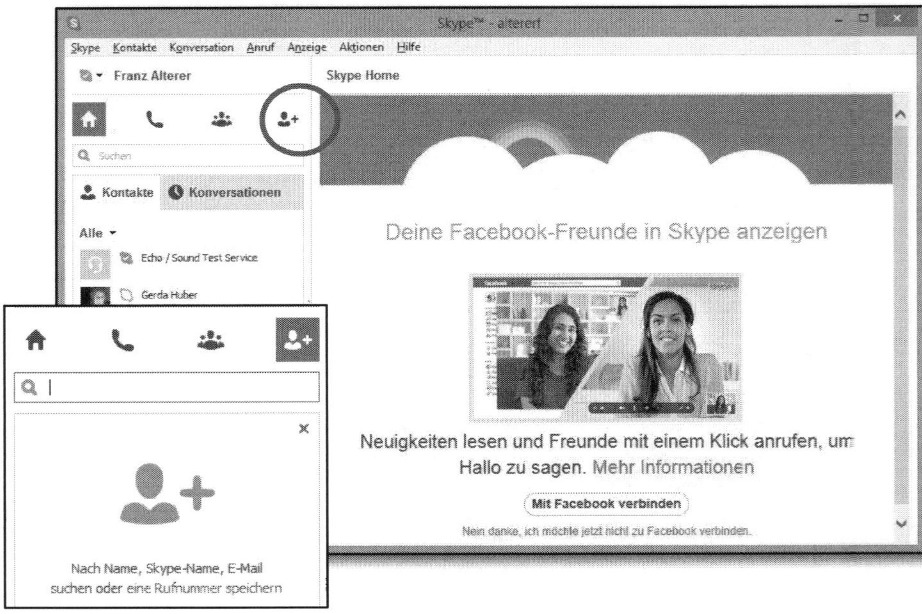

2. Geben Sie den Namen/Skype-Namen oder E-Mail-Adresse ein. Die entsprechenden Skype-Kontakte werden aufgelistet. Klicken Sie auf den passenden Eintrag und anschließend auf die Schaltfläche **ZU KONTAKTEN HINZUFÜGEN.**

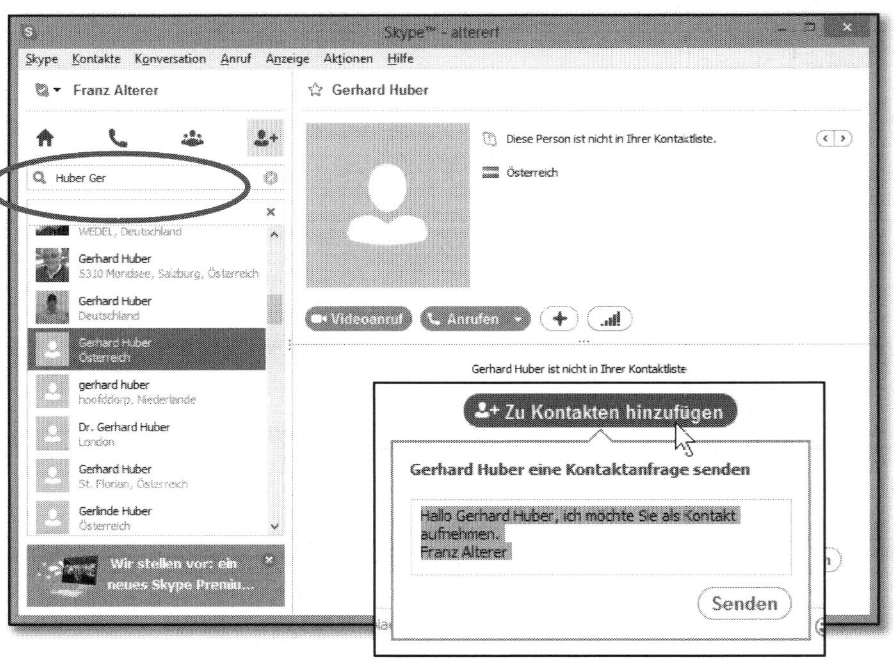

3. Es wird ein Einladungs-Mail gesendet. Damit teilen Sie dieser Person mit, dass Sie sie in Ihre Kontakte aufnehmen wollen. Nach entsprechender Rückbestätigung wird der Kontakt angelegt.

Verbindung herstellen/beenden

1. Wählen Sie die Kontaktperson aus, mit der Sie eine Verbindung herstellen wollen. Wenn diese über Skype erreichbar ist, wird dies mit **ONLINE** angezeigt, andernfalls erhalten Sie die Rückmeldung **OFFLINE.**

2. Entscheiden Sie danach, ob Sie über die Webcam mit **VIDEOANRUF** oder nur über ein Headset mit **ANRUFEN** den Kontakt aufbauen möchten.
3. Über die Schaltfläche **AUFLEGEN** beenden Sie das Gespräch.

Eine Liste der Gespräche (**ÄLTERE CHATNACHRICHTEN ANZEIGEN:**) wird im *Skype*-Fenster mit Name und Zeit angezeigt.

4. Im unteren Bereich des Fensters bietet sich weiters die Möglichkeit, eine schriftliche Nachricht zu versenden.

5. *Skype* unterstützt auch das Versenden von Dateien. Klicken Sie dazu auf die Schaltfläche mit dem Plus. Über den Befehl **DATEI SENDEN ...** öffnet sich das Dialogfenster **DATEI AN .....SENDEN.** Wählen Sie den entsprechenden Speicherort und die Datei aus und klicken auf **ÖFFNEN.**

Damit wird die Datei als Anhang einer E-Mail an den Empfänger versendet.

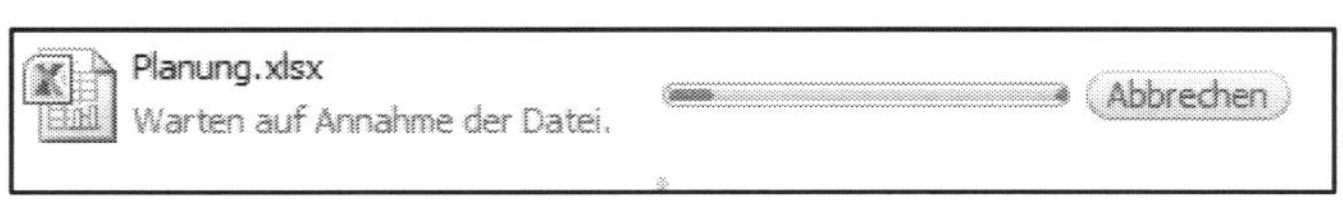

2.2.2 Sich registrieren und ein Benutzerkonto für ein Tool zur Online-Zusammenarbeit erstellen. Ein Benutzerkonto deaktivieren, löschen/schließen

Ähnlich verläuft auch das Erstellen eines Kontos für Cloud-Computing.

Erstellen Sie zunächst ein Konto auf Ihren Namen für *Google Drive*

1. Rufen Sie im Internet-Browser die Adresse www.google.at auf und wählen Sie darin den Link **Drive**

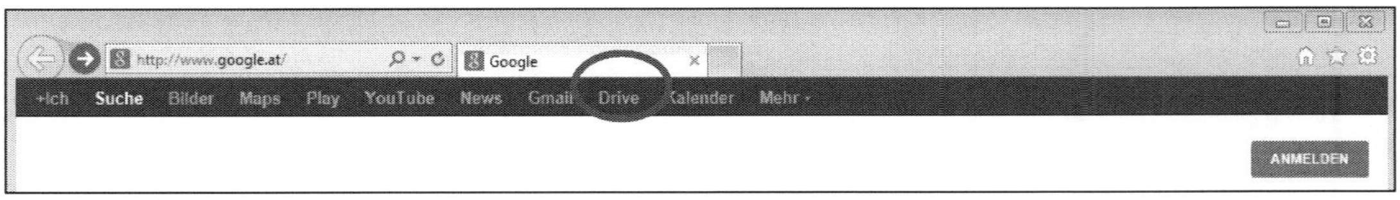

2. Da Sie noch nicht registriert sind, erscheint im eingeblendeten Drive-Dialog die Schaltfläche **Registrieren.**

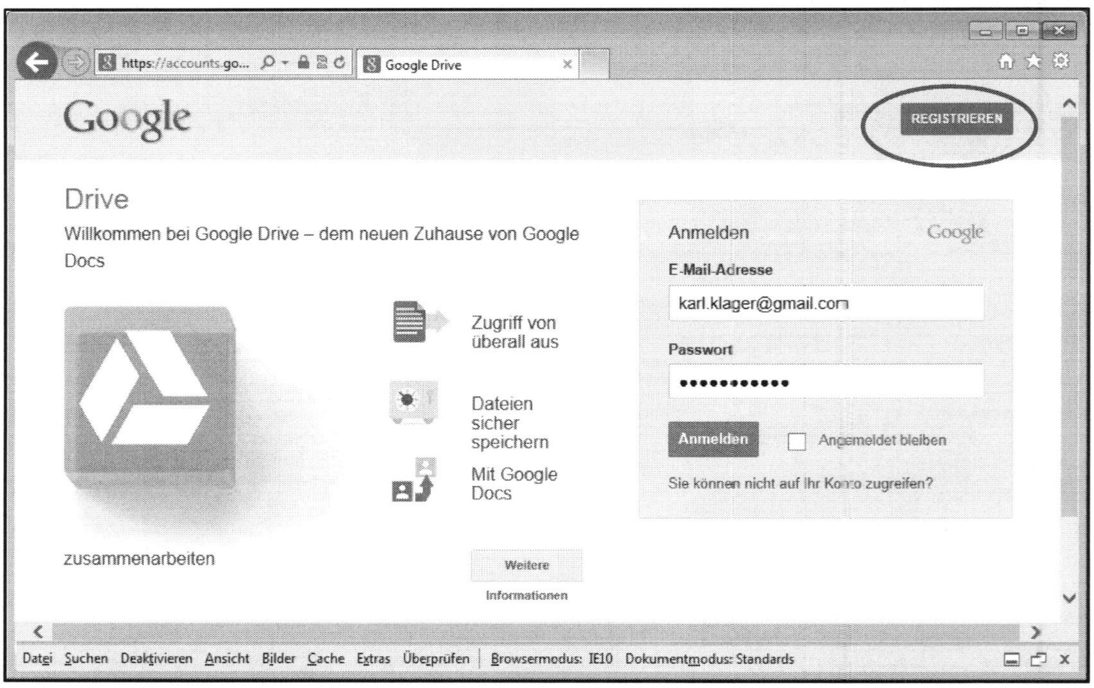

3. Geben Sie Ihre E-Mail-Adresse und ein Kennwort ein und betätigen Sie dies mit **Anmelden.**
   Wollen Sie, dass der Zugang zum Google-Online-Serviceangebot stets zur Verfügung steht, so aktivieren Sie das Kontrollkästchen **Angemeldet bleiben.**

4. Starten Sie die Installation über den Befehl **AUSFÜHREN** auf dem nun eingeblendeten Popup.

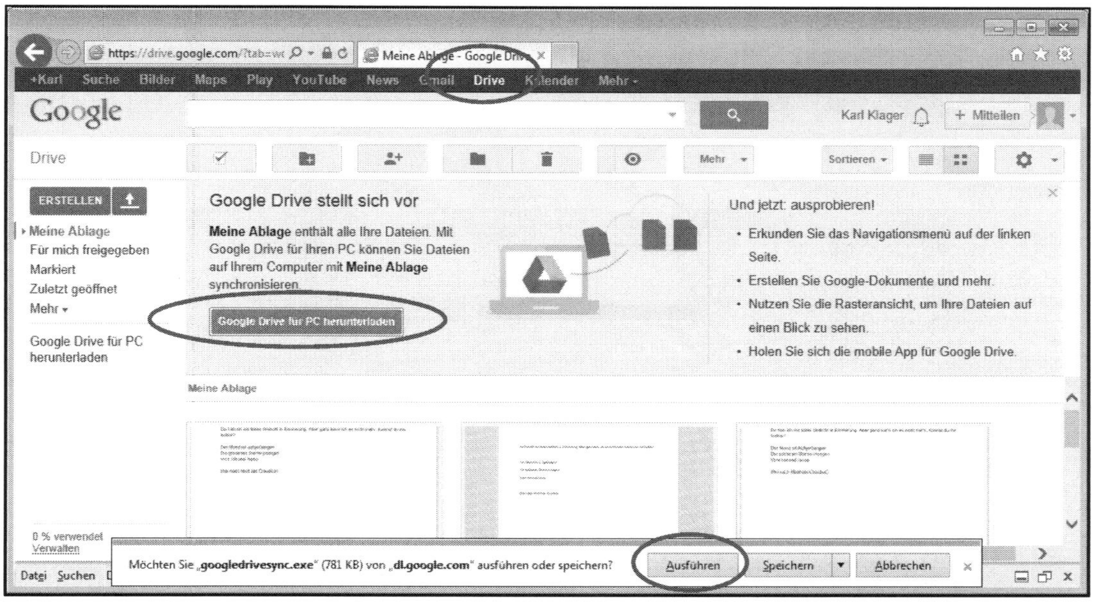

5. Bestätigen Sie gegebenenfalls eingeblendete Rückfragen.

Ergebnis: Das Konto wurde angelegt.

Was kann mit diesem Konto gemacht werden?

In Google Drive können Sie Dateien mit anderen Personen teilen, indem Sie den Personen einen Link zu Ihrer Datei senden oder die Datei für die E-Mail-Adresse einer einzelnen Person oder eine Mailingliste freigeben.

Durch die Registrierung bei Google haben Sie Zugang zu allen Angeboten, die in der Linkleiste abrufbar sind. Wenn die Anmeldung auf Angemeldet bleiben eingestellt ist, brauchen Sie sich auch nicht bei jeder Dienstleistung extra identifizieren.

Kontoverwaltung

Alle Einstellungen und Eintragungen, die bei einem Online-Konto erfolgt sind, können auch verändert, oder deaktiviert werden. Selbstverständlich ist es auch möglich, das ganze Konto zu löschen.

Diese Aktionen sind bei den verschiedenen Anbietern im Detail vielleicht etwas unterschiedlich, im Großen und Ganzen aber doch sehr ähnlich.

1. Die Kontoverwaltung aktiviert man im Google-Konto über die Schaltfläche des Users.
2. Wählen Sie **KONTO.**
3. In der Gruppe **KONTOVERWALTUNG** können nun die Eistellungen anpassen

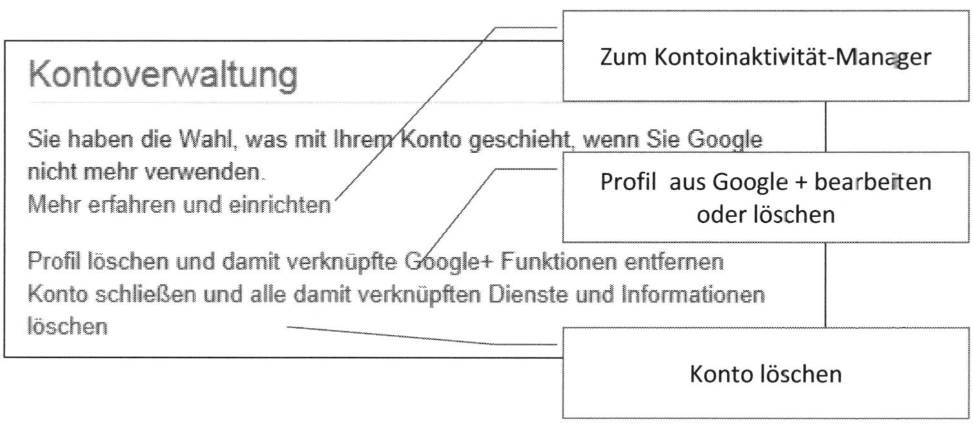

Was geschieht mit Ihrem Konto, wenn Sie es nicht mehr verwenden? Dazu wird der Kontoinaktivität-Manager eingerichtet.

In ihm können Sie festlegen, ob Ihr Konto als inaktiv behandelt werden soll, was mit Ihren Daten geschehen soll und wer benachrichtigt werden soll.

Eventuell werden Sie zur Aktivierung um eine Mobil-Telefonnummer gebeten.

Inhalt des Kontos oder Profil löschen

Alle Daten, die im Google+ abgelegt sind, können entfernt werden. Das Konto bleibt danach bestehen.

Wollen Sie überhaupt nicht mehr mit Google-Features arbeiten, so können Sie Ihr ganzes Profil löschen.

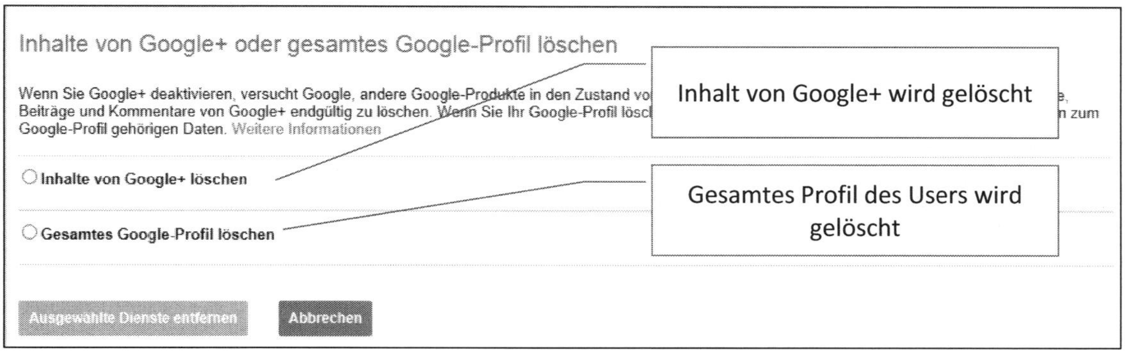

Für die Bestätigung des Löschvorganges muss nochmals das Kennwort eingegeben werden.

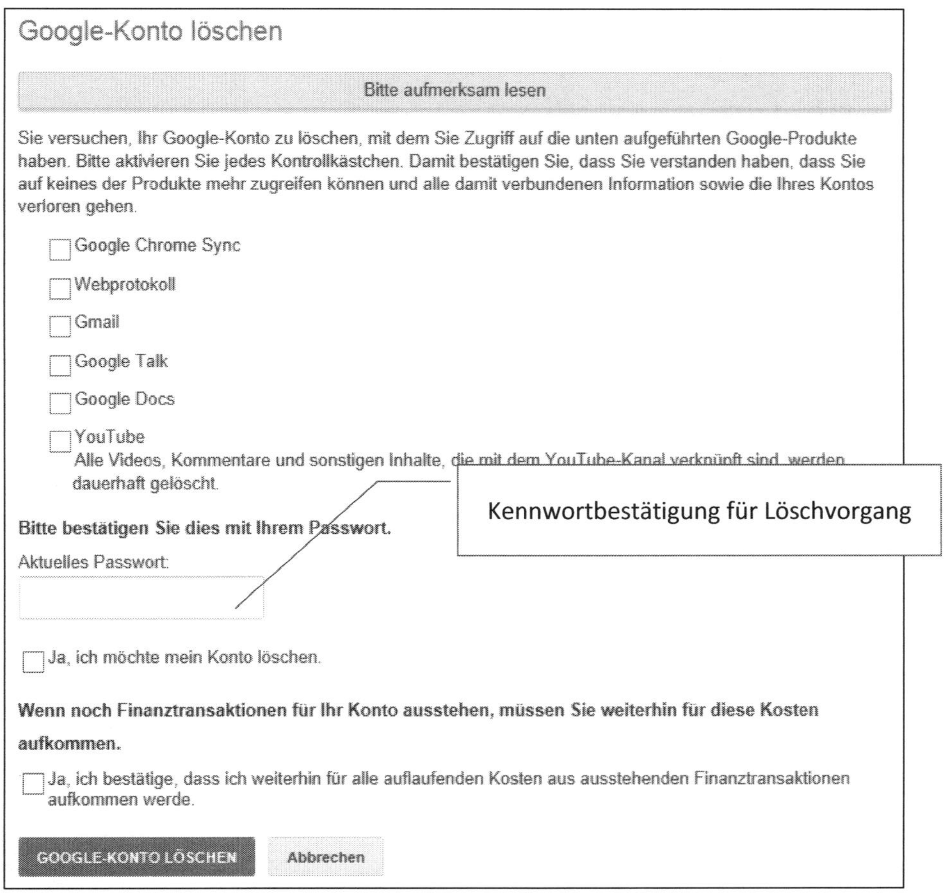

3 Tools zur Online-Zusammenarbeit verwenden

3.1 Online-Speicher und Office-Anwendungen

Online-Speicher und online nutzbare Office-Anwendungen bieten die Möglichkeit, Fotos, Dokumente, Videos und Dateien zentral zu speichern und diese automatisch auf Ihren Computern, Tablets oder Mobiltelefonen abzurufen und zu bearbeiten.

3.1.1 Grundlagen von Online-Speicherung verstehen und gängige Beispiele dafür kennen

Anbieter für Online-Speicherung gibt es viele. Neben den bekannten Unternehmen Microsoft, Google oder Apple (Punkt 1.2.2/Anbieter, Seite 15) wird hier zur Veranschaulichung das Angebot von Dropbox (www.dropbox.com) abgebildet.

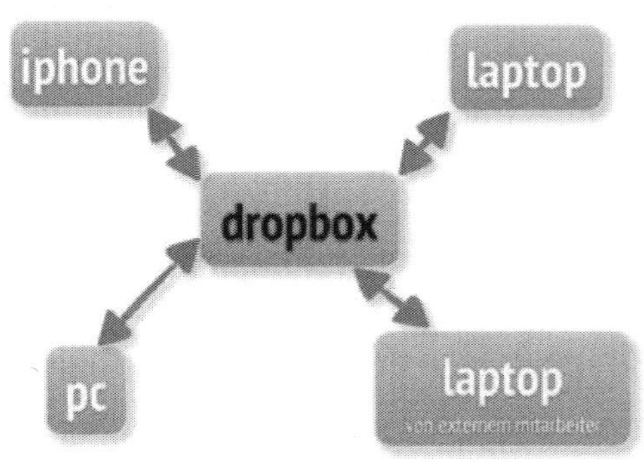

Beispielhafte Konstellation eines Online-Speichers:

Auf den zentralen Speicherplatz können unterschiedliche Geräte zugreifen.

Die Dropbox Software ist auf sehr vielen Plattformen verfügbar (Windows, mac, iPhone, iPad, Android, Linux).

Angebote für Privatanwender und Unternehmen:

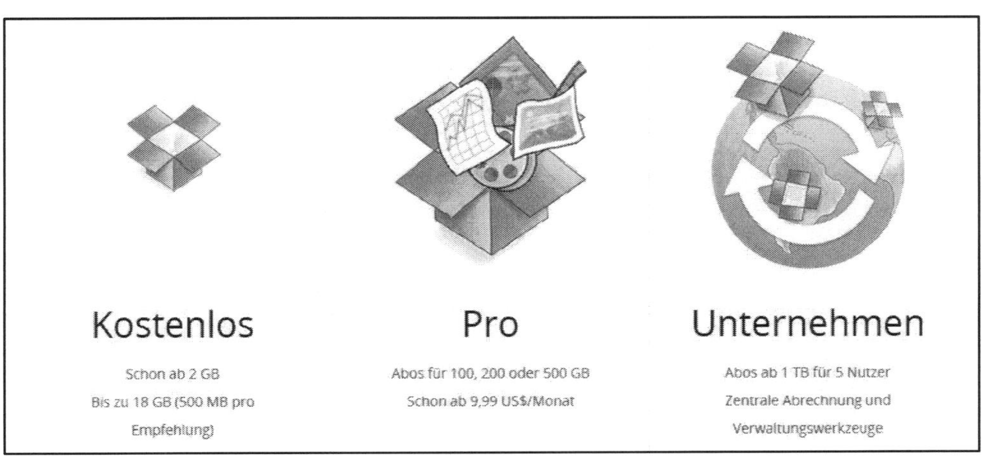

3.1.2 Beschränkungen von Online-Speichern kennen, wie: maximale Speichergröße/Dateigröße, zeitliche Begrenzung, Beschränkung bei der gemeinsamen Nutzung

Daten lassen sich bequem im Internet in einem Online-Speicher ablegen. Doch der Nachteil von Online-Speichern ist, dass im Falle von technischen oder wirtschaftlichen Problemen bei Anbietern die Gefahr eines Datenverlustes nicht ganz ausgeschlossen werden kann. Doch dem kann man vorbeugen, indem man nicht alle Daten online abspeichert und nicht alle dort gespeicherten Daten allen zur gemeinsamen Nutzung frei gibt. Das ist auch sinnvoll, denn Onlinespeicherung ist nicht in unbegrenztem Umfang möglich. Kostenloser Speicherplatz kann im Volumen und auch in der Speicherdauer begrenzt sein, und bei kostenpflichtiger Speicherung kann das ordentlich ins Geld gehen. Hier unterscheiden sich die Angebote der verschiedenen Dienstleister (siehe Punkt 1.2.2/Anbieter, Seite 15).

3.1.3 Online-Dateien/Online-Ordner uploaden, downloaden, löschen

Viele dieser Online-Speicher basieren auf der gleichen oder ähnlichen Basis:

Wenn ein Online-Speichersystem (zB Dropbox) auf einem Computer installiert wird, so wird auf diesem Computer ein Ordner (Online-Ordner) eingerichtet. Die Besonderheit dieses Ordners ist allerdings, dass alle Dateien, die in ihm abgelegt werden, automatisch auch auf den Speicherplatz in der Cloud übernommen werden. Aktiviert man nun über einen anderen Rechner den Online-Speicher, so stehen auch dort diese Daten zur Bearbeitung zur Verfügung. Der Einstieg in den Online-Speicher erfolgt selbstverständlich erst nach Bekanntgabe der entsprechenden Nutzerberechtigung (Kennwort).

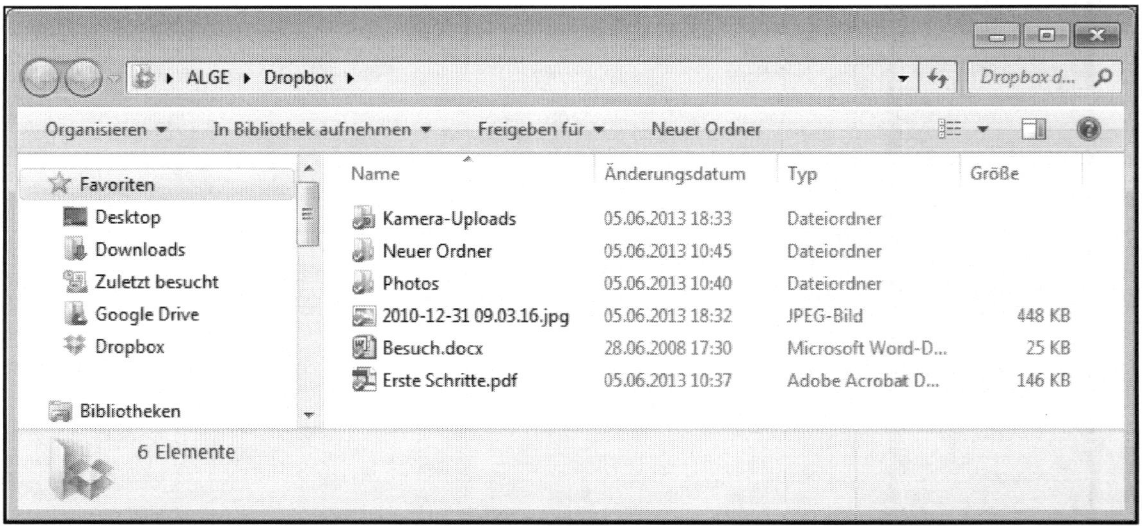

Durch diese laufende Synchronisierung der Daten zwischen dem eben benutzten PC, Notebook, Tablet oder Smartphone mit dem Online-Speicher ist man immer auf dem letzten Stand.

Ein Klick auf die **Dropbox**-Schaltfläche in der *Taskleiste* zeigt die Aktualisierung auf dem lokalen Rechner an.

Sollte eine Datei wieder gelöscht werden, so braucht man diese nur auf dem lokal angelegten Online-Ordner löschen und beim nächsten Datenabgleich wird diese Datei auch im Online-Speicher gelöscht.

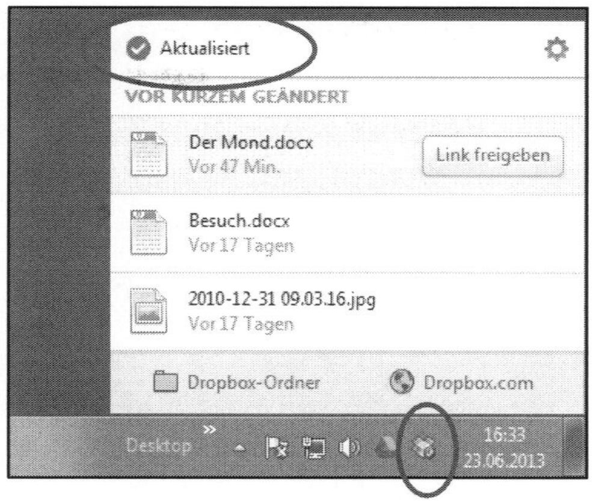

3.1.4 Verstehen, dass über das Web auf Anwendungen zugegriffen werden kann. Gängige Beispiele für web-basierte Office-Anwendungen kennen, wie: Textverarbeitung, Tabellenkalkulation, Präsentation

Durch die Übernahmen der Dateien in den Online-Speicher und das danach mögliche Downloaden auf einen anderen Computer öffnet völlig neue Perspektiven für die Bearbeitung von Dateien. So hat etwa Google für seine im *Drive* gespeicherten Dateien ein Paket mit Dateibearbeitungsprogrammen bereitgestellt, mit denen die Nach- bzw. Weiterbearbeitung möglich ist.

Microsoft – SkyDrive

In Windows 8 und der Office-Version 2013 ist die Nutzung eines Online-Speichers bereits voll integriert. Die Office-Programme bieten die Speicherung bereits als gleichwertige Speicherungsvariante neben der Dateiablage auf dem lokalen Rechner an. Dadurch ist das Up- und Downloaden von Dateien in die Cloud und die Bearbeitung mit den Office-Applikationen bequem und übersichtlich.

Sollten Sie auf Ihrem Rechner kein Office-Paket installiert haben, so können Sie als Abonnent von Office 365 dieses zur Bearbeitung nutzen. Steht Ihnen keine Office-Anwendung zur Verfügung, so können Sie das Dokument zwar lesen, nicht aber bearbeiten.

Google Drive

Google löst das Thema anders: Hier wird nach der Anmeldung eine Maske eingeblendet, über die im *Navigationsbereich* eine Schaltfläche aktiviert wird. Im Auswahlmenü können nun Dateien oder Ordner für das Upload ausgewählt werden.

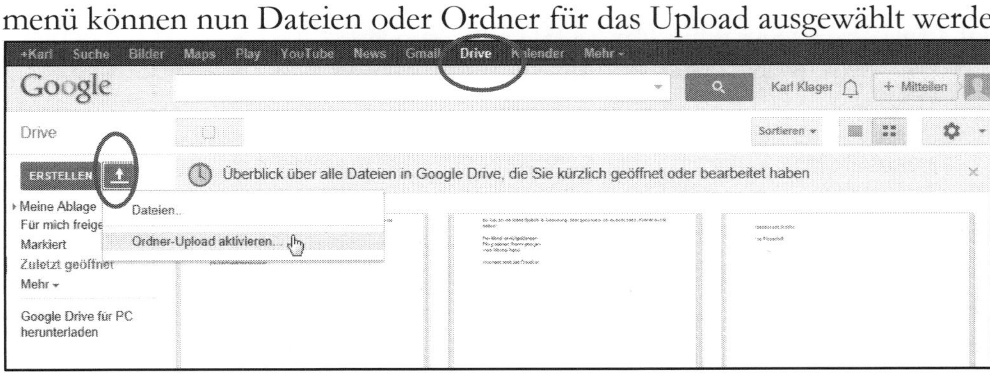

Mit dem Browser *Google Chrome* erfolgt das Hochladen sofort, bei einem anderen Browser (zB Internet-Explorer) wird ein eigenes Java-Applet notwendig, das jedoch automatisch installiert wird.

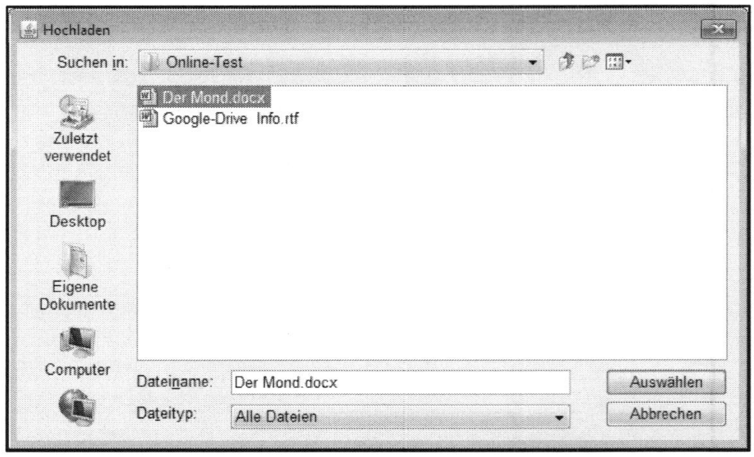

In ähnlicher Weise funktioniert dann auch die Nutzung des Online-Speichers:

Nach erfolgter Anmeldung bei seinem Online-Speicher können die Dateien

- auf den lokalen Rechner herunter geladen werden und danach (meist über die Auswahl des Kontextmenüs) geöffnet und bearbeitet werden oder
- direkt mit dem Google-Drive-Textprogramm bearbeitet werden.

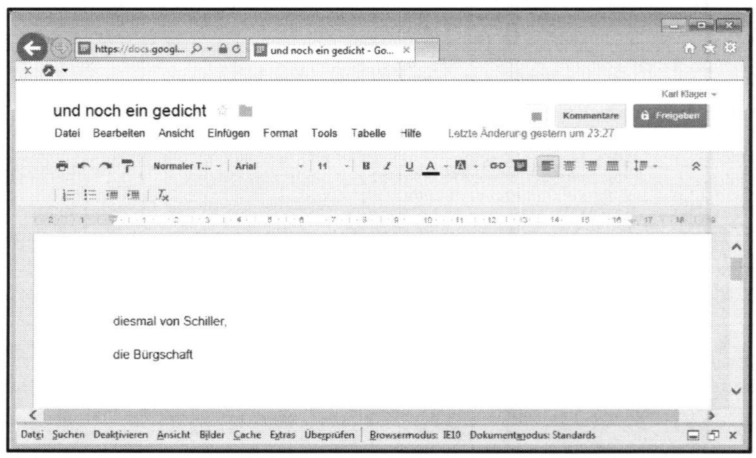

3.1.5 Eigenschaften von web-basierten Office-Anwendungen kennen: Dateien können für mehrere NutzerInnen freigegeben werden, mehrere NutzerInnen können gleichzeitig/in Echtzeit an einer Datei arbeiten

Die auf einem Online-Speicher abgelegten Dateien können für andere Personen freigegeben werden. Das ermöglicht die Nutzung dieser Daten von anderen Personen. Wird dabei eine Datei von mehreren Personen gleichzeitig direkt vom Online-Speicher weg geöffnet, so können diese Personen die Datei auch gleichzeitig bearbeiten. Die Daten werden sofort im Online-Speicher aktualisiert. Im Dokument wird mittels Quick-Info ein Hinweis über die eben erfolgte Änderung eingeblendet.

3.1.6 Dateien online erstellen, bearbeiten und speichern

Die Zusammenarbeit verschiedener User über ein Online-Konto bietet interessante Möglichkeiten.

Beispiel:

In einem Word-Programm wird ein Dokument erstellt und mit Windows 7 als *.docx-Datei in einem Ordner abgelegt, dessen Inhalt auf *Google Drive* in die Cloud hochgeladen wird. Das Dokument wird vom Autor freigegeben.

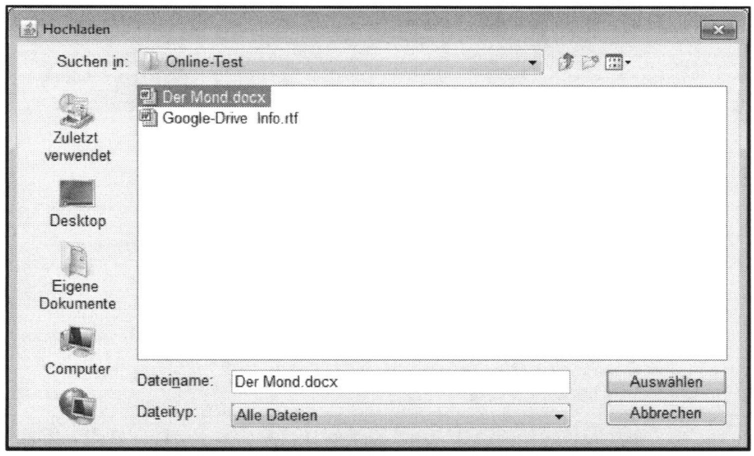

Ein Google-User öffnet diese Datei über sein Google-Konto auf einem Desktop-Computer. Da dieser Rechner kein MS Word installiert hat, öffnet er die Datei mit dem Google-eigenen Textverarbeitungsprogramm und korrigiert den Inhalt.

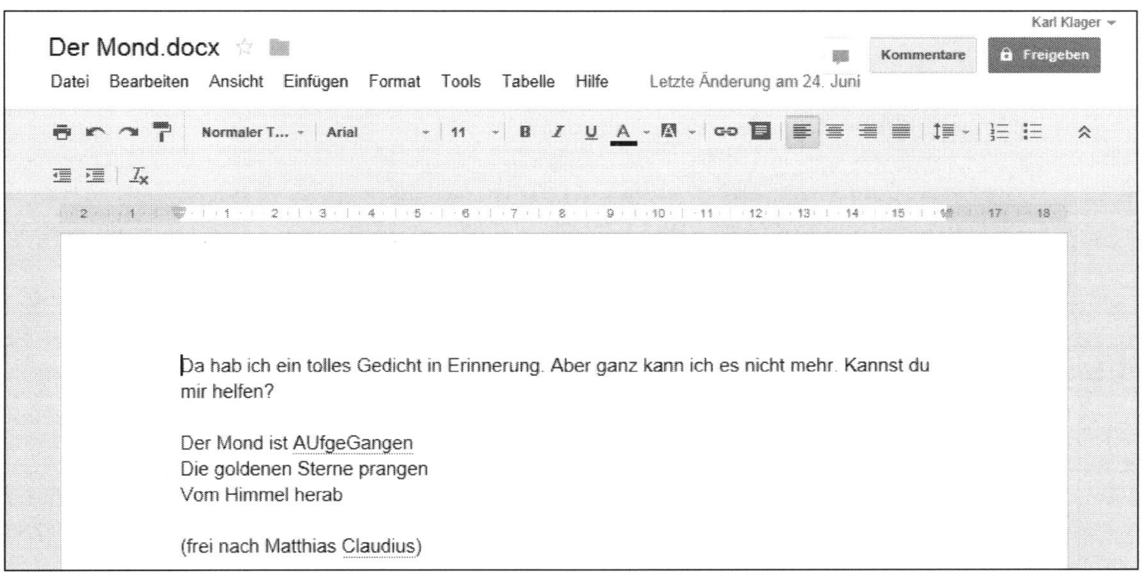

Kurze Zeit später steigt ein anderer Mitarbeiter über sein Android-Tablet in *Google Drive* ein und ladet das nun korrigierte Dokument. Er findet das bearbeitete Dokument mit dem Hinweis, wer welche Änderungen vorgenommen hat.

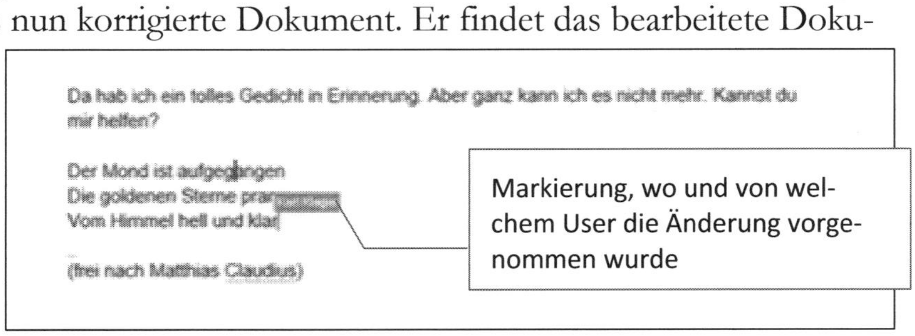

3.1.7 Dateien oder Ordner freigeben, um anderen NutzerInnen die Einsicht, die Bearbeitung oder die Besitz-Übernahme zu erlauben. Freigaben beenden

Eine Dateibearbeitung von anderen Personen als dem ursprünglichen Autor ist nur dann möglich, wenn diese Datei (oder der Ordner, in dem die Datei abgelegt ist) für die betreffende Person freigegeben wurde. Die Freigabe von Ordnern und Dateien kann speziell differenziert werden. So ist es möglich, den Inhalt nur zu lesen, diesen zu kommentieren oder zu bearbeiten. Das kann auch auf bestimmte Personen eingeschränkt werden.

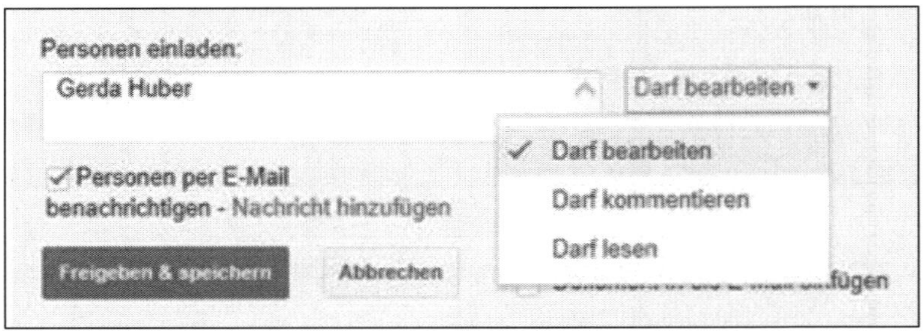

Diese Freigabe kann jederzeit wieder zurückgenommen werden, indem das Element wieder **VERTRAULICH** gesetzt wird.

Übung: Dateien für eine E-Mail-Adresse oder eine Mailingliste freigeben

1. Rufen Sie die Seite drive.google.com auf.
2. Aktivieren Sie das Kontrollkästchen neben der freizugebenden Datei oder dem freizugebenden Ordner oder aktivieren Sie das Kontextmenü.
3. Klicken Sie auf das Freigeben-Schaltfläche . oder auf den Menüeintrag **MEHR** und wählen **FREIGEBEN.**
4. Wählen Sie eine Sichtbarkeitsoption aus: **VERTRAULICH, JEDER, DER ÜBER DEN LINK VERFÜGT** oder **ÖFFENTLICH IM WEB.**
5. Geben Sie in das Textfeld unter **PERSONEN HINZUFÜGEN** die E-Mail-Adressen der Personen ein, für die das Dokument freigegeben werden soll. Verwenden Sie dazu die Daten Ihrer bereits bestehenden Kontakte.
6. Wählen Sie aus der DropDown-Liste neben jedem Mitbearbeiter die Zugriffsebene aus: **DARF LESEN, DARF KOMMENTIEREN** (nur Google-Dokumente und -Präsentationen) oder **DARF BEARBEITEN.**

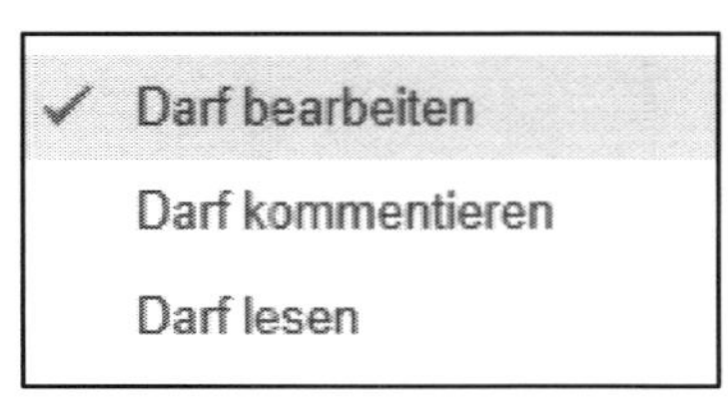

In den nachstehenden Abbildungen ist zu sehen:

A) die Berechtigungseinstellung auf Personen reduziert, die den Link zur Datei erhalten haben

B) die E-Mail-Benachrichtigung mit Übergabe des Links an die berechtigte Person mit kurzem Hinweis auf erbetene Bearbeitung.

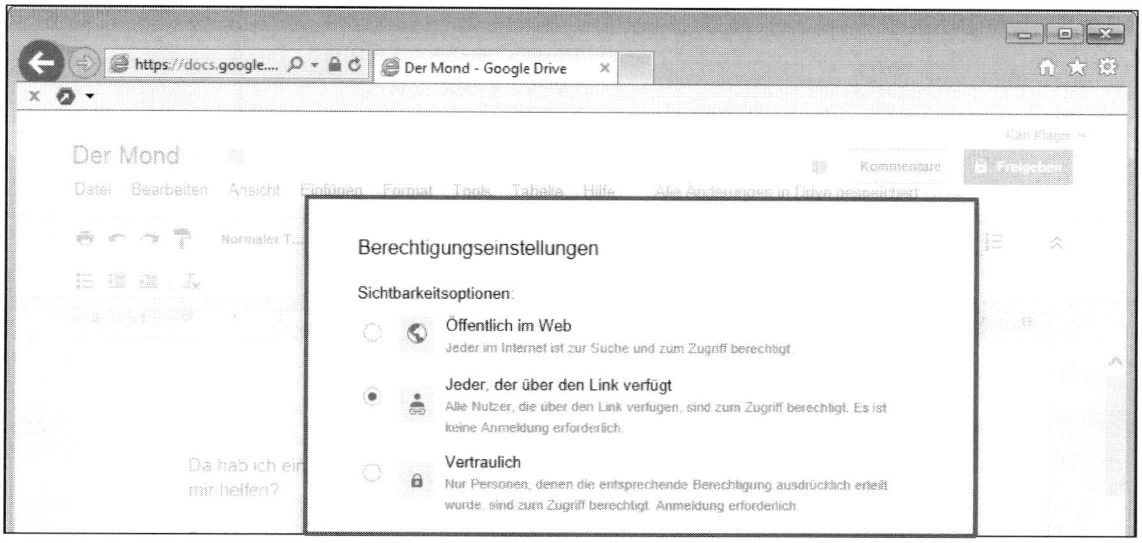

3.1.8 Die vorherige Version einer Datei anzeigen, wiederherstellen

Ähnlich wie die Änderungsverfolgung in Word ist auch die Änderung in Dateien, die im Online-Speicher abgelegt sind. Sie werden im Überarbeitungsverlauf mit Datum und Name des Überarbeitenden angezeigt.

Zum Öffnen des Überarbeitungsverlaufs aktivieren Sie den Menübefehl **ALLE ÄNDERUNGEN IN DRIVE GESPEICHERT** oder **LETZTE ÄNDERUNG AM .....**

In der nachstehenden Abbildung ist die Textdatei eingeblendet und im *Arbeitsbereich* **ÜBERARBEITUNGSVERLAUF** sind alle Veränderungen aufgelistet. Es ist daher nur der betreffende Eintrag aufzurufen und die Wiederherstellung zu bestätigen.

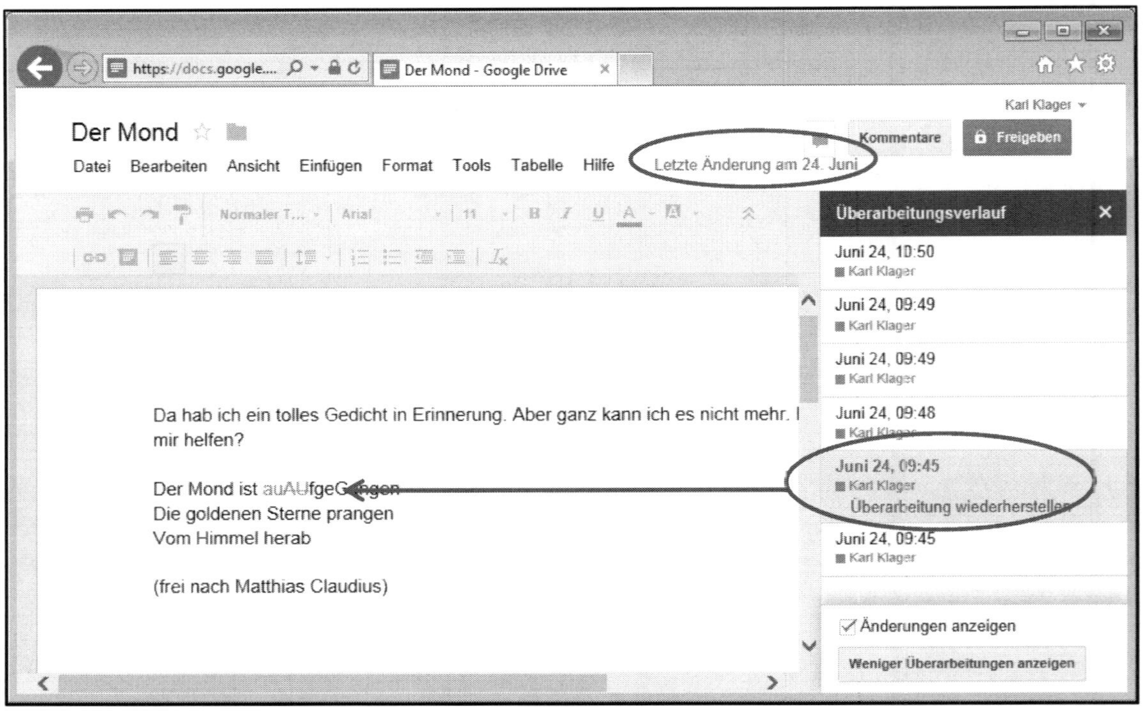

3.2 Online-Kalender

Die Verwaltung von Terminen ist oft eine Schwachstelle in der persönlichen Zeitplanung. Irgendwo hat man einen Zettel mit dem Termin für den Zahnarzt, am Stehkalender auf dem Arbeitsplatz sind vereinbarte Treffen mit den Geschäftspartnern und am Ende nächster Woche ist der Abgabetermin einer Projektpräsentation. Plötzlich ruft ein Mitarbeiter an und will einen Termin – so um die Dauer von zirka 2 Stunden.

Wie kann man sich dabei helfen?

3.2.1 Einen Kalender freigeben. Anderen Personen die Berechtigung erteilen, den freigegebenen Kalender einzusehen oder Änderungen vorzunehmen

Erstellen Sie doch einfach einen elektronischen Kalender, auf dem Sie von überall zugreifen können. Berücksichtigen Sie dabei, dass diese Termine auch für Ihre Vorgesetzten, Ihre Mitarbeiter aber auch für Ihre Familie wichtig sein können und daher auch andere Personen darauf Zugriff haben sollten.

Noch ein wichtiger Aspekt: Mehr noch als der Dateizugriff auf Briefe oder Kalkulationen müssen Termine wirklich von überall abrufbar sein, egal, ob Sie sich am Schreibtisch Ihres Büros, in der U-Bahn, am Tennisplatz oder sonst wo befinden. Verwenden Sie daher ein System, bei dem alle Geräte sende- und empfangsbereit sind, vom Mobiltelefon bis zum Desktop-Computer.

Das Erstellen eines Kalenders (hier die Version von Google für den angemeldeten User) erfolgt durch Aktivierung des Eintrages **KALENDER** in der Link-Leiste.

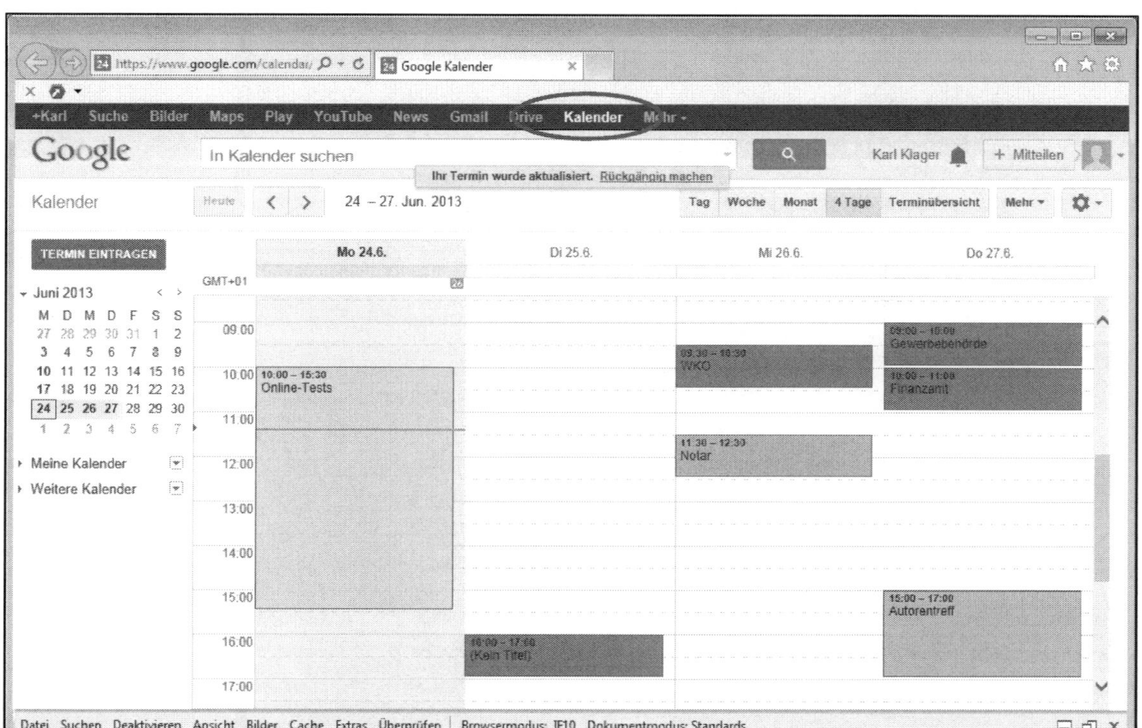

Nachdem bereits weiter oben darauf hingewiesen wurde, dass Terminverwaltung ein Aufgabenbereich ist, bei dem die Mobilität eine eminent wichtige Rolle spielt, wird hier vorrangig Google herangezogen. Der Zugriff ist problemlos von jedem Browser möglich und auch die gängigen Mobilgeräte mit Betriebssystem Android funktionieren einwandfrei. Außerdem ist die Nutzung dieser Programmangebote kostenlos.

Allen gemeinsam ist jedoch, dass *Kalender* und *Termine* öffentlich oder privat gehalten werden können. Das bedeutet, dass ganze Kalender oder auch nur einige Termine als privat gekennzeichnet werden und dadurch nur für Sie selbst oder den berechtigten Personen sichtbar sind.

Ebenso können Freigaben erstellt werden, die es bestimmten Personen erlauben, Termine neu einzutragen oder bestehende Termine zu bearbeiten.

Je nach Anbieter unterscheiden sich die Befehle und Einstellungen etwas.

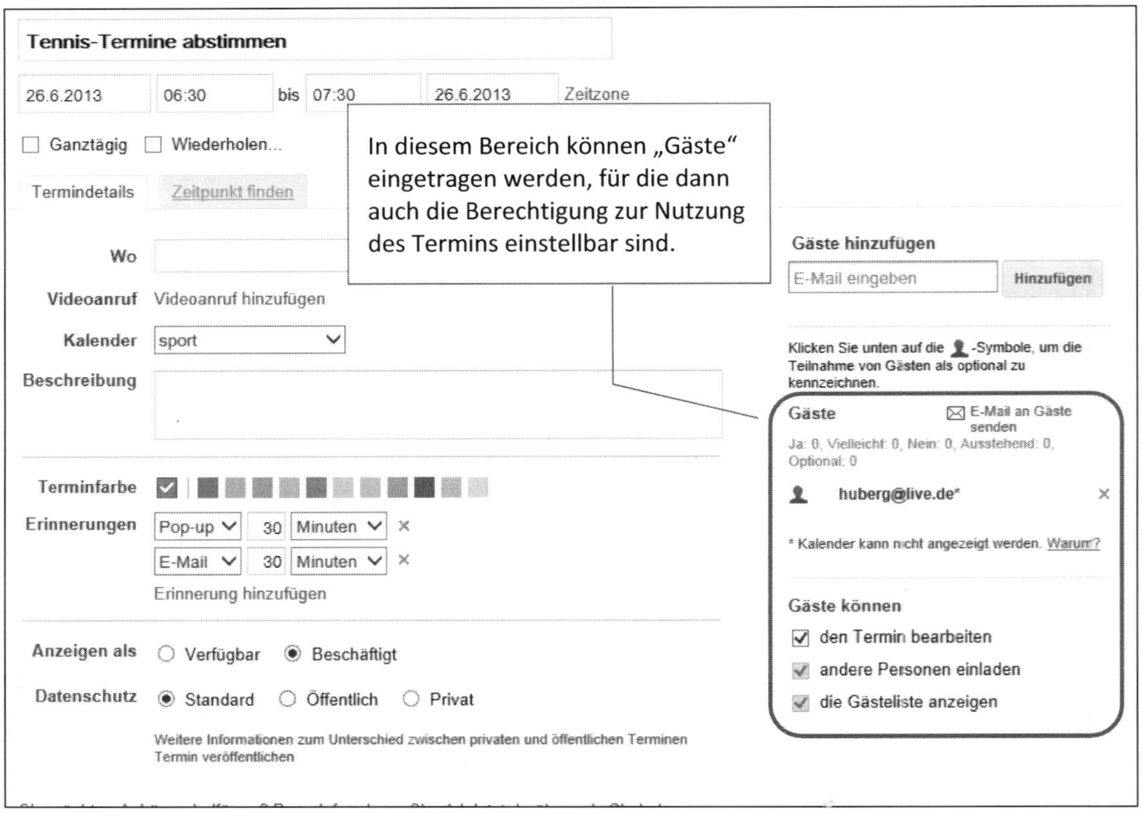

Die Eintragung von Terminen erfolgt intuitiv. Aktivieren Sie einfach den Zeitpunkt im Raster, an dem der Termin beginnt. Geben Sie die Details zu diesen Termin ein - das war alles (siehe auch 3.2.3, Seite 43).

3.2.2 Freigegebene Kalender anzeigen, ausblenden

Damit bei Vorhandensein mehrerer eigener und für Sie freigegebener Kalender die Übersicht nicht verloren geht, können die bestehenden Kalender auch ausgeblendet werden. In unserem Beispiel wird die DropDown-Liste geöffnet. In ihr finden sich Formatierungsmöglichkeiten und auch die Option, den Kalender auszublenden.

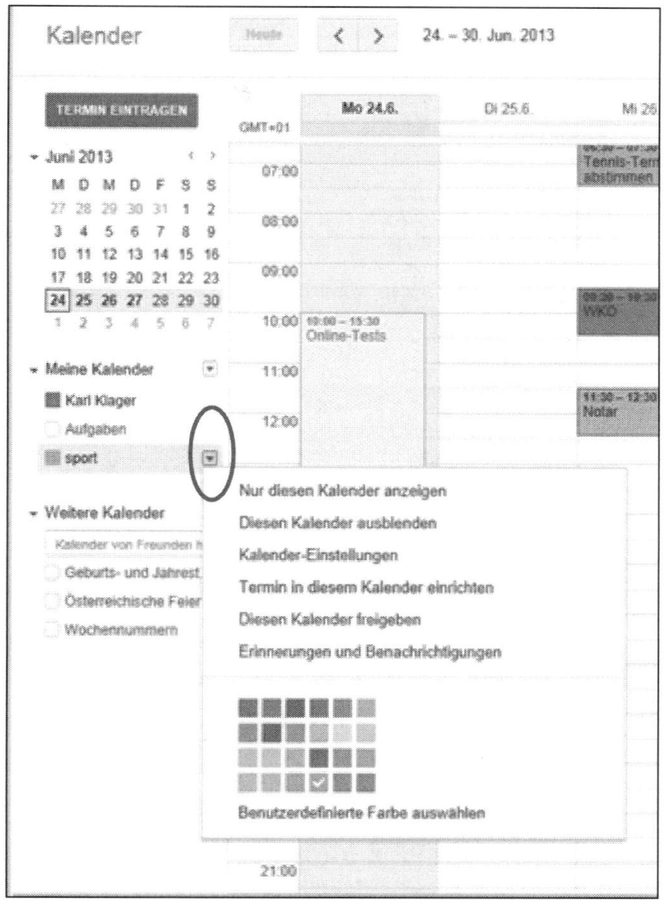

3.2.3 In einem freigegebenen Kalender einen Termin, einen wiederkehrenden Termin erstellen

Die Termineingabe erfolgt – egal ob es sich um einen freigegebenen Kalender oder um einen, der nur den Besitzer selbst zur Verfügung steht, handelt – in gleicher Weise:

1. Klicken Sie auf den gewünschten Termin und geben Sie die Details zu diesem Termin ein.
   Die Kurzversion der Eintragung erfolgt in einer einfachen Maske, die mit **TERMIN EINTRAGEN** abgeschlossen wird.

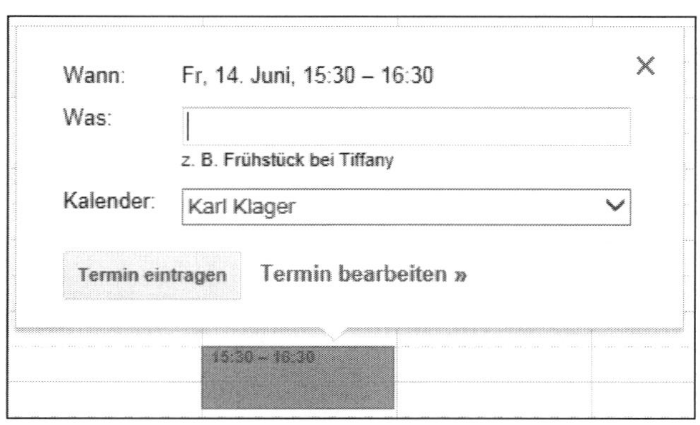

2. Sollen weitere Informationen oder eine Terminreihe (regelmäßige, zB jeden Montag um 9:00 Uhr festgelegte Teamsitzung) eingetragen werden, so aktivieren Sie **TERMIN BEARBEITEN**.

In dieser Maske stehen auch Felder für die Wiederholungsanzahl oder für einen Endtermin zur Verfügung.

3. Die entsprechenden Festlegungen bestätigen Sie über die Schaltfläche **FERTIG**.

3.2.4 Erinnerung für einen Termin setzen

Je nach System können Erinnerungsaktionen gesetzt werden. So kann beispielsweise eine E-Mail oder eine Messenger-Mitteilung versendet werden oder ein optisches oder akustisches Signal aktiviert werden, um den Kalendereigentümer an wichtige Eintragungen zu erinnern.

3.2.5 Personen zu einen Termin einladen, Ressourcen reservieren; Personen ausladen, Ressourcen entfernen. Eine Einladung annehmen, ablehnen

Sollen auch andere Personen zu diesem Termin anwesend sein, so werden mit einer *Einladung* die gewünschten Teilnehmer einer Besprechung oder einer Veranstalter zur Teilnahme aufgefordert oder gebeten. Die Liste erweitert sich automatisch bei Bekanntgabe der E-Mail-Adresse. Die eingeladenen Personen können nun die Mail mit einem **ANTWORTEN** oder  ihr Kommen bestätigen. Noch bequemer ist die Aktivierung der Bestätigungszeile durch den Empfänger (siehe Punkt 3.2.6).

Sind mehrere Kalender im System eingebunden und für die terminfestlegende Person freigegeben, so kann an Hand der „Gästeliste" auch die Verfügbarkeit abgefragt werden. In der nachstehenden Abbildung ist die Option **VERFÜGBAR** aktiviert und über die Auswahl **ZEITVORSCHLÄGE** kann der Termin bereits vorweg abgecheckt werden. In der Abbildung ist zu sehen, dass an diesem Tag bereits ab 19:00 Uhr die geladenen Teilnehmer/innen Zeit haben.

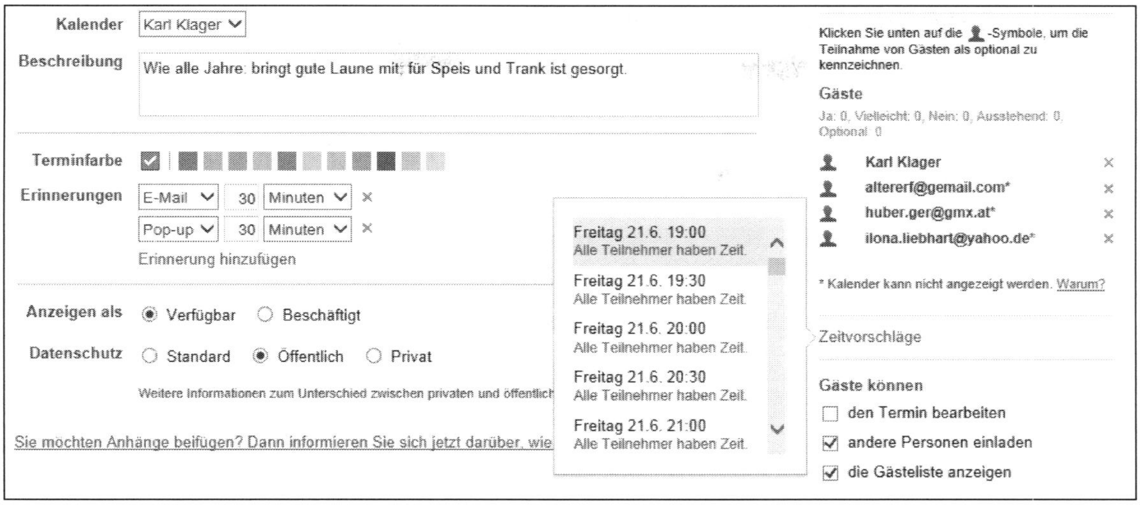

3.2.6 Einen Termin bearbeiten, löschen

Jeder Termin kann später auch nachbearbeitet werden. Dazu ist lediglich der Termineintrag im Kalender auszuwählen und über **TERMIN BEARBEITEN** in die Eingabemaske einzusteigen.

Über die Eintragung **LÖSCHEN** wird der Termin aus dem Kalender entfernt.

Mit **TEILNEHMEN? JA -VIELLEICHT-NEIN** kann eine Rückmeldung an den Einladenden erfolgen.

3.3 Soziale Medien (Social Media)

Unter Soziale Netzwerke versteht man Netzgemeinschaften bzw. Webanwendungen im Internet (sog. Online-Communitys), die sich im Web gebildet haben und einen Treffpunkt unter Freunden darstellen.

Für jede Alters-, Religions-, Berufs- oder Personengruppe gibt es soziale Netzwerke, sowie auch für Studierende oder Schüler. In ihren Netzwerken tauschen die Teilnehmer/innen private oder geschäftliche Informationen aus oder diskutieren über gemeinsame Themen. Es geht um Kommunikationspartner, neue Freundschaften aber auch um geschäftliche Interessen. Soziale Netzwerke dienen dazu, um neue Kontakte zu knüpfen, bereits bestehende zu vertiefen oder wiederzubeleben.

Die wichtigsten Funktionen eines Sozialen Netzwerkes sind:

- Die Erstellung eines persönliches Profils:
  dabei handelt es sich um eine virtuelle Selbstdarstellung, wobei man neben den persönlichen Daten, auch Hobbys, Interessen, Vorlieben, Freunde und Fotos auflisten kann.
- Die Erstellung einer Kontaktliste oder Adressbuch:
  Freunde können aufgelistet werden und stellen gleichzeitig auch einen Verweis zu diesen dar. Die Freunde können von anderen Portalen importiert und verwaltet werden.
- Das Empfangen und Versenden von Nachrichten:
  Nachrichten können an alle andere Mitglieder versendet werden zB über diverse Ereignisse (Profiländerungen, hochgeladene Bilder, Videos, Veranstaltungen usw.).
- Das Schreiben von Blogs:
  Berichte (Tagebuch) können geschrieben und veröffentlicht, sowie auch von anderen Mitgliedern kommentiert werden.
- Die Funktion der Suche
  nach anderen Mitgliedern, Veranstaltungen usw.

Ein soziales Netzwerk ist wie ein großer, bunter Marktplatz, auf dem sich eine Person mit vielen anderen Menschen treffen und in Kontakt treten kann. Und da dieser Marktplatz virtuell ist, können sich hier auch Leute miteinander unterhalten, die räumlich weit entfernt sind.

Seien Sie sich immer darüber im Klaren, dass Ihre Aktivitäten im Internet mehr oder minder öffentlich sind. Faustregel: Was Sie auf dem realen Marktplatz nicht laut verkünden würden, sollten Sie auch nicht im Internet veröffentlichen.

3.3.1 Social Media Tools (Tools für soziale Medien) kennen, die eine Online-Zusammenarbeit ermöglichen, wie: Soziale Netzwerke, Wikis, Foren und Gruppen, Blogs, Mikroblogs, themen-orientierte Communitys

Typische Vertreter von Social Medias sind

Weblogs

Meist nur als „Blog" bezeichnet, ist ein auf einer Webseite geführtes und damit öffentlich einsehbares Tagebuch oder Journal. Ein Blog ist für den Herausgeber („Blogger") und seine Leserschaft ein einfach zu handhabendes Medium zur Darstellung von Aspekten des eigenen Lebens sowie Meinungen zu spezifischen Themengruppen und insofern dem Internetforum sehr ähnlich.

Microblogs

Darunter versteht man die Form des Bloggens, bei der die Benutzer kurze, SMS-ähnliche Textnachrichten veröffentlichen können. Die Länge dieser Nachrichten beträgt meist weniger als 200 Zeichen. Die einzelnen Postings[4] sind entweder privat oder öffentlich zugänglich und werden wie in einem Blog chronologisch dargestellt, sie werden auch als Threads bezeichnet. Die Nachrichten können meist über verschiedene Kanäle wie SMS, E-Mail, Instant Messaging oder das Web erstellt und abonniert werden. Der bekannteste Microblogdienst ist Twitter.

Wikis

Offenes Autorensystem für Webseiten. Wikis sind im World Wide Web veröffentlichte Seiten, die von den Benutzern online geändert werden können (zB Wikipedia, Wikitravel, WienWiki). Siehe dazu Punkt 3.3.8, Seite 53.

Foto- und Videoplattformen

Fotos für Freunde oder Verwandte zugängig zu machen ist nicht immer einfach – es sei denn, man verwendet ein Forum. Bekannt ist hier flickr, das von yahoo angeboten wird, oder man ist ein Facebook-Fan, dann ist Instagram die passende Plattform. Beide bieten auch Speicherplatz für Videos (Länge ca 15 sek) an.

Chats

Dabei handelt es sich um die synchrone, textorientierte Kommunikation mehrerer Teilnehmer über das Internet. Für einen Chat wird ein spezielles Programm benötigt, das meist bereits in einem Browser integriert ist.

Diskussionsforen

Ein Diskussionsforum ist ein virtueller Platz zum Austausch und zur Archivierung von Gedanken, Meinungen und Erfahrungen. Die Kommunikation in Foren ist asynchron, das heißt, ein Beitrag oder eine Anfrage wird nicht unmittelbar und sofort angezeigt, sondern zeitversetzt.

---

[4] Blog-Beitrag, der mehreren Benutzern gleichzeitig zugänglich ist (Vergleich mit einer Mitteilung am „Schwarzen Brett")

Virtuelle Kontakt- und Tauschbörsen

Als Tauschbörse versteht man eine Plattform, wo Menschen die Gelegenheit geboten wird, Waren oder Dienstleistungen zum Tausch, gegen geringe Gebühren oder kostenlos anzubieten und zu erwerben. Im Internet stehen verschiedene Tausch-Websites (Internet-Tauschbörsen) zur Verfügung, über die Tauschwaren (meist Medien wie Bücher, CDs, DVDs), Dienstleistungen oder Rechte angeboten, gesucht und auch verhandelt werden können. Im Internet wird Tauschbörse auch häufig mit File Sharing verbunden. Dabei handelt es sich um die Verteilung von Dateien über das Internet.

Breiten Zuspruch finden auch Partnerbörsen, die vom Internetflirt bis zur Suche eines Lebenspartners viele persönliche Wünsche abdecken.

Neben vielen regionalen Anbietern www.flohmarkt.at, www.willhaben.at, gibt es auch viele internationale Anbieter.

3.3.2 Einstellungen zu Berechtigungen oder zur Privatsphäre festlegen und ändern, wie: Informationen anzeigen oder verbergen; Schreibzugriff; Einladungen oder Anfragen annehmen, ablehnen

Der Zugang zu den Communitys steht grundsätzlich jedem Nutzer des Netzes offen. In vielen Fällen erfolgt der Auftritt anonym ohne genaue persönliche Daten wie Wohnort, Beruf, Arbeitgeber. Damit bleibt die wahre Identität der Person gewahrt.

In der Praxis hat sich allerdings eingebürgert, dass in Communitys wie Facebook oder Twitter sehr wohl auf den richtigen Namen wertgelegt wird. Eine derartige Offenlegung persönlicher Daten für alle weltweiten User ist aber extrem gefährlich! Wir wollen daher zwischen allgemein zugängigen Daten und Daten mit besonderer Vertraulichkeit unterscheiden.

Die einzelnen Dienste bieten dazu verschiedene Einstellungsmöglichkeiten. Hier als Beispiel die Privatsphären-Einstellungen von Facebook:

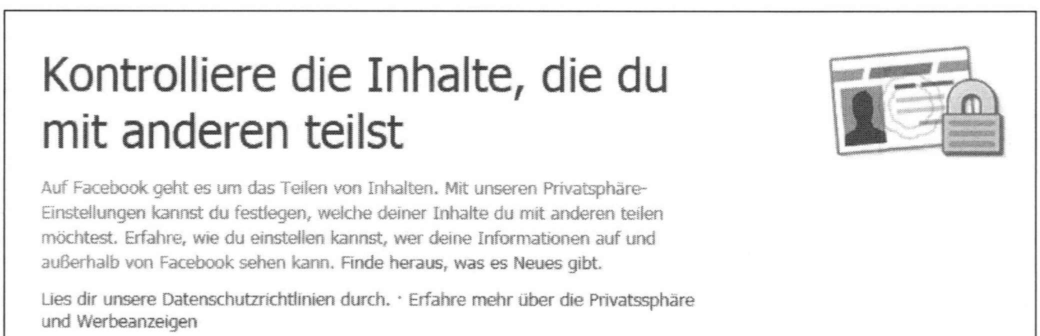

In der Standardeinstellung werden Inhaltsvernetzungen sehr großzügig gehandhabt. Dazu werden in der Auswahlliste beim Eintrag EMPFOHLEN nicht nur die „eigenen" Freunde vorgeschlagen sondern für Fotos, für religiöse und politische Ansichten und für Geburtstag auch die FREUNDE VON FREUNDEN und für Status, Biografie und Familie auch gleich ALLE.

Reduzieren Sie die Auswahl auf NUR FREUNDE.

Folgen Sie den Links, um Ihr persönliches Profil einzustellen und lesen Sie die entsprechenden Hinweise.

Beim Suchen von Freunden (siehe nächster Punkt) werden automatisierte Anfragen via E-Mail an die betreffenden Personen gestellt, die durch Annahme danach zu Ihren Freunden zählen. Durch Ablehnung der Anfrage schließen sich diese Personen von Ihrem Freundeskreis aus. Siehe dazu auch Punkt 2.2.1/Kontakte hinzufügen, Seite 26.

3.3.3 Andere NutzerInnen oder Gruppen von Social Media finden, mit ihnen Kontakt aufnehmen, Kontakte entfernen

Nachdem die Voraussetzungen zur Eigendarstellung (Profil) eingerichtet sind, können auch Freunde gesucht werden, die auch in Facebook aktiv sind. Verwenden Sie dazu den Link in der Facebook-Leiste, die Eingabegruppierung im linken Fensterbereich oder suchen Sie die Kontakte über bereits bestehende Adresslisten aus Yahoo, Google+ oder Skype.

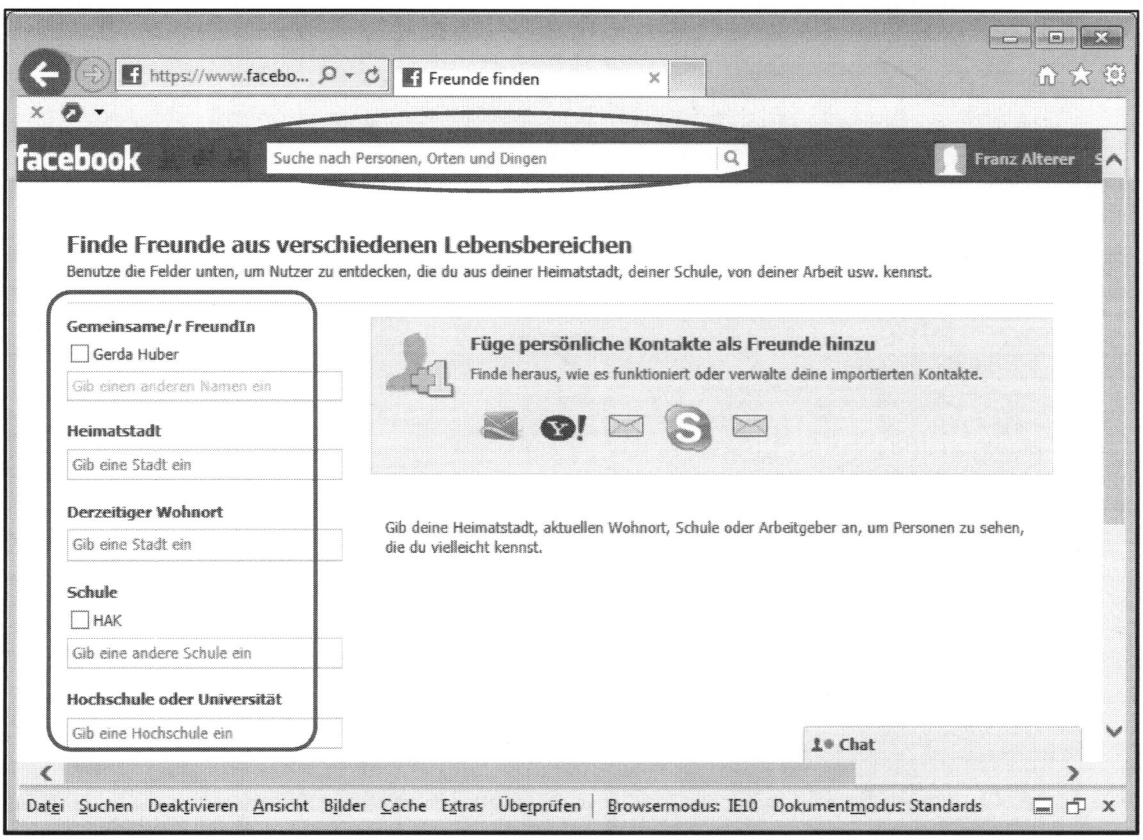

Oder

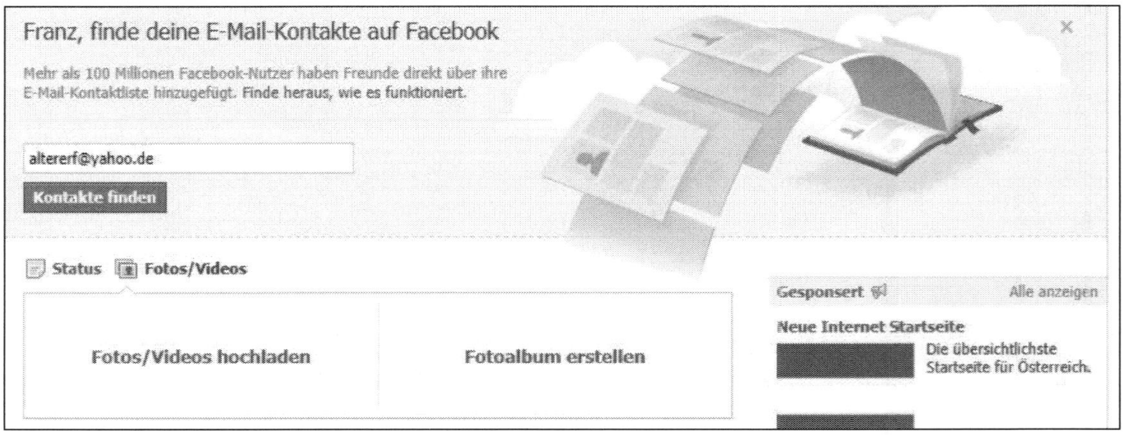

Selbstverständlich können Freundeslisten auch bearbeitet oder der Kontakt (Freund / Freundin) entfernt, also gelöscht werden.

Weitere Sicherheitseinstellungen

Über die Werkzeugschaltfläche (Zahnrad) meldet man sich bei Facebook wieder ab. In dieser Liste findet sich auch die Einstellung für die Privatsphäre, über die die User ihre Zustimmung erteilen können, ob sie selbst über *Freunde* gefunden werden können. Im Navigationsbereich finden sich eine Reihe weiterer Sicherheitseinstellungen.

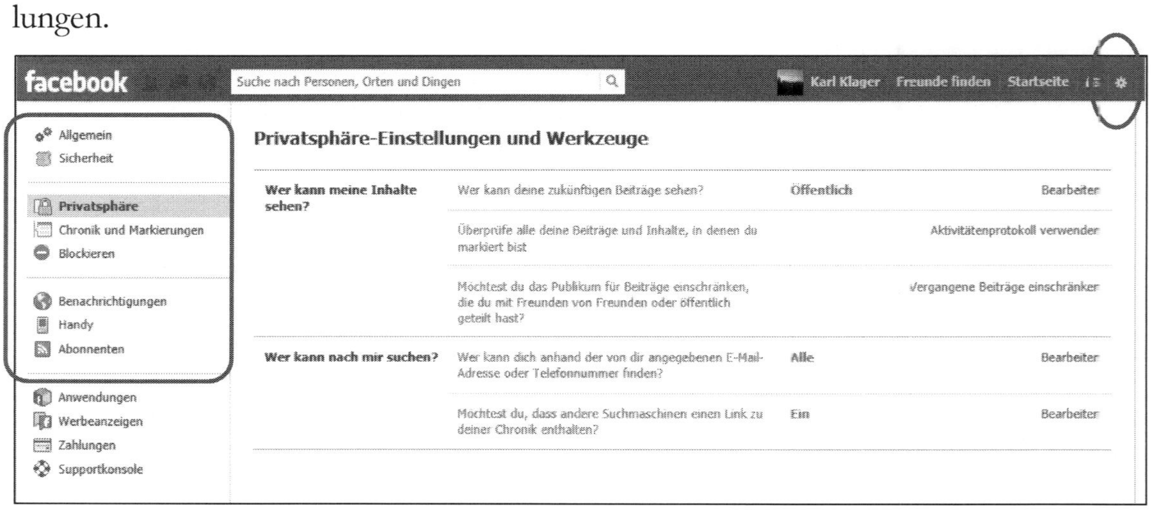

3.3.4 Ein Social Media Tool verwenden, um einen Kommentar oder Link zu posten (veröffentlichen)

Mitten in der laufenden Arbeit ergibt sich eine Frage. Da mir dabei alle meine Freunde helfen könnten, stelle ich die Frage an sie,

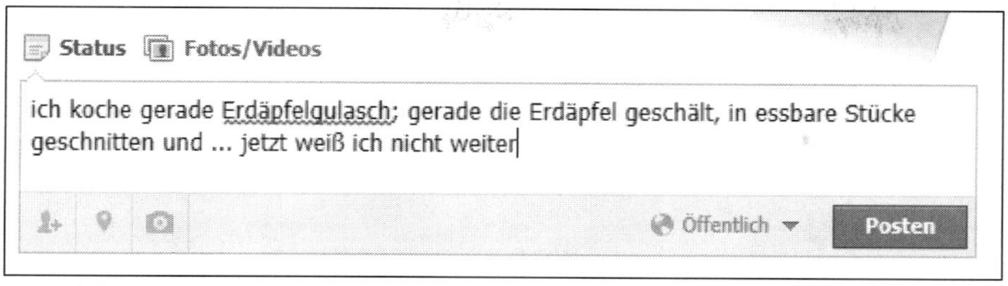

und klicke auf **POSTEN**. Jetzt brauche ich nur noch zu warten, wer, wann und wie auf meine gepostete Nachricht reagiert.......

3.3.5 Ein Social Media Tool verwenden, um auf einen Kommentar zu reagieren und ihn mit anderen zu teilen

Gefällt mir

Wenn einem eine Meldung zusagt, so ist es gar nicht notwendig, unbedingt einen ausführlichen Kommentar abzugeben. Es genügt, wenn man das mit einem **GEFÄLLT MIR** kund tut.

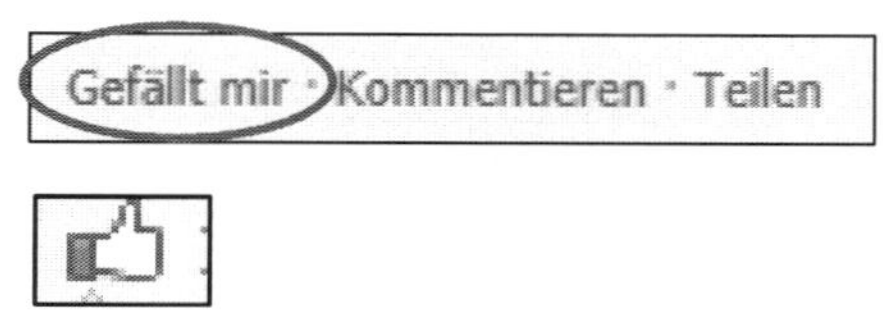

Beiträge kommentieren

Ausführlicher kann es natürlich auch sein: Auf der Pinnwand des Empfängers erscheint ein *Posting*. Sollte nun dazu eine Rückmeldung oder eine Zusatzinfo hinzugefügt werden, so verwendet man den Link **KOMMENTIEREN** und schreibt den Kommentar in das geöffnete Formular.

Um auf einen Beitrag zu antworten, der bereits Kommentare hat, oder um auf einen dieser bereits geposteten Kommentare zu antworten, braucht man nur in das Formularfeld **SCHREIBE EINEN KOMMENTAR ...** unter dem letzten Kommentar zu klicken. Dasselbe Feld erscheint auch, wenn auf einen Beitrag hin zwar noch keine Kommentare eingegangen sind, jemand aber schon bekundet hat, dass ihm dieser Beitrag gefällt.

Beiträge weitersagen

Über den **TEILEN**-Link unter einem bereits geposteten Beitrag kann dieses *Posting* entweder auf die Pinnwand des eigenen Profils oder per Privatnachricht an andere weitergeleitet werden.

Beim Klick auf den **TEILEN**-Link öffnet sich ein Formularfeld, in dem eine Meldung an den Empfänger geschrieben werden kann. Der weiterzusagende Beitrag erscheint als Anhang dazu. Genauso, wie beim Schreiben einer E-Mail.

3.3.6 Ein Social Media Tool verwenden, um Inhalte hochzuladen, wie: Bilder, Videos, Dokumente

Neben Texten oder Links sind es vor allem Fotos und Videos, die im Social Network (Facebook) veröffentlicht werden. Dazu steht eine weitere Funktion zur Verfügung. Das Veröffentlichen von Fotos bietet gleich mehrere Vorgehensweisen an:

- Foto hochladen: ein Foto direkt von einem Computer hochladen.
- Foto aufnehmen: Wenn am Computer eine Webcam angeschlossen ist, kann damit ein Foto geschossen und hochgeladen werden.
- Album erstellen: Diese Option steht nur für das eigene Profil zur Verfügung.

Verschiedene Netzwerke – verschiedene Ziele

Es gibt auch Personen, die nicht mit Facebook arbeiten – ja, tatsächlich. Da haben wir Twitter, Google+, Xing oder LinkedIn. Die beiden letzteren haben sich auf Geschäftskontakte spezialisiert. Dabei stellen sich Personen an Hand ihrer Ausbildung, Berufslaufbahn oder Funktionen innerhalb der Unternehmen dar.

Da alle Anbieter auf gleiche Weise Daten ihrer Mitglieder zugängig machen, sind auch in allen Programmen ähnliche Tools dafür vorgesehen. Jedoch oft mit unterschiedlicher Bezeichnung.

Auf *Google+* teilt man Fotos oder Dokumente „öffentlich" oder „privat". Wenn der Welt also wichtiges mitzuteilen ist, so gilt „öffentlich", ist die Teilnehmergruppe – hier heißt es „Kreise" – eingeschränkt, so ist es eben „privat".

3.3.7 Kommentare aus Social Media entfernen. Wissen, dass das endgültige Löschen von Kommentaren und Bildern sehr schwierig sein kann

Bilder und Kommentare, die Sie auf Ihrem Facebook-Konto gespeichert haben, löschen Sie, indem Sie mit der Maus über das Bild/den Kommentar streichen. Auf der rechten Seite erscheint ein x, das für die Löschung zu aktivieren ist.

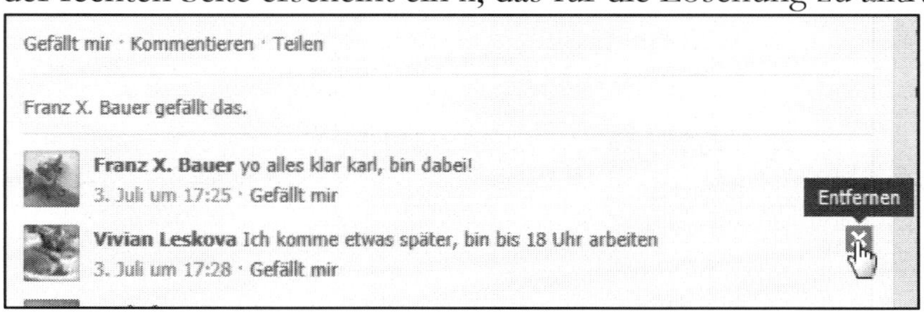

Die Daten, die in einem Sozialen Netzwerk eingegeben werden, werden auf verschiedenen Servern gespeichert. In den wenigsten Fällen ist es daher möglich, alle Informationen eines Community-Mitglieds auch wieder zu löschen. Das ist schon deshalb schwierig, weil diese Daten an „Freunde" weitergeleitet und verknüpft sind. Daher ist das Auffinden dieser Kommentare, Fotos, Videos äußerst schwierig und somit niemals 100-prozentig wieder löschbar. Auf dieses Problem nehmen auch die meisten Benutzungsbedingungen Bezug, indem sie festgehalten, dass Daten auf eigenes Risiko veröffentlicht werden.

3.3.8 Ein Wiki verwenden, um ein bestimmtes Thema und Inhalte hinzuzufügen und zu aktualisieren.

Wikis, auch Wiki, Wikis und WikiWebs, sind im World Wide Web verfügbare Seitensammlungen, die von den Benutzern nicht nur gelesen, sondern auch online geändert werden können. Sie sind damit offene Content Management Systeme. Der Name stammt von wiki, das hawaiianische Wort für "schnell". Wie bei Hypertexten üblich, sind die einzelnen Seiten und Artikel eines Wikis durch Querverweise (Links) miteinander verbunden. Die Seiten lassen sich jedoch sofort am Bildschirm ändern. Dazu gibt es in der Regel eine Bearbeitungsfunktion, die ein Eingabefenster öffnet, in dem der Text des Artikels bearbeitet werden kann (Quelle: Wikipedia).

Die am meisten bekannte und benutzte Version eines Wikis ist www.wikipedia.org.

Auf Basis dieser Technologie hat sich im Laufe der Zeit bereits eine ganze Reihe von Organisationen eine Plattform geschaffen, über die Informationen oder Enthüllungen (WikiLeaks) veröffentlicht werden. Allen gemeinsam ist die Grundidee, dass jede Person, die Informationen veröffentlichen will, diese Plattform nutzen kann. Diese Beiträge stehen nach der Erstveröffentlichung ohne Einschränkung allen angemeldeten Benutzern zur Überarbeitung zur Verfügung.

„Wikis stehen nie still, sie werden ständig bearbeitet und immer besser."

Registrieren

Wenn man sich an einem Wiki beteiligen will, so ist es notwendig, sich zu registrieren. In unserem Beispiel verwenden wir WIENWIKI, die Plattform, die von der Wiener Zeitung bereitgestellt wird (www.wienwiki.net).

Über die Homepage wird ein Benutzerkonto angelegt oder – wenn man bereits registriert ist – erfolgt hier die Anmeldung.

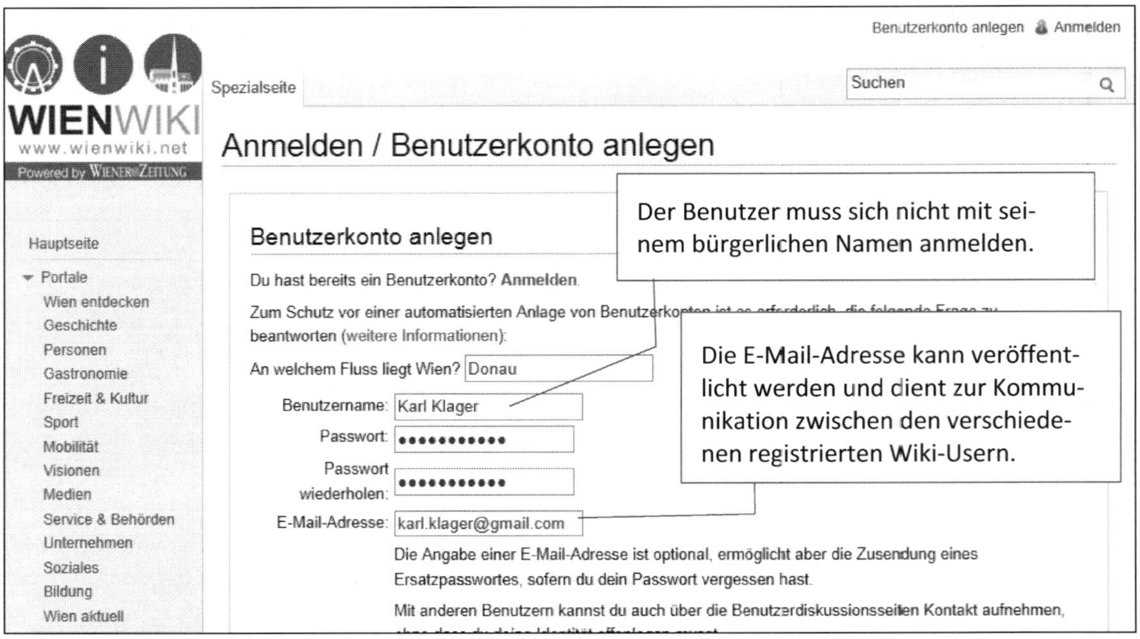

Sobald man erfolgreich angemeldet ist, steht auch der **Bearbeiten**-Modus für das ausgewählte Thema zur Verfügung. Jetzt können neue Seiten (Themen) erstellt oder bestehende Einträge erweitert, geändert und aktualisiert werden.

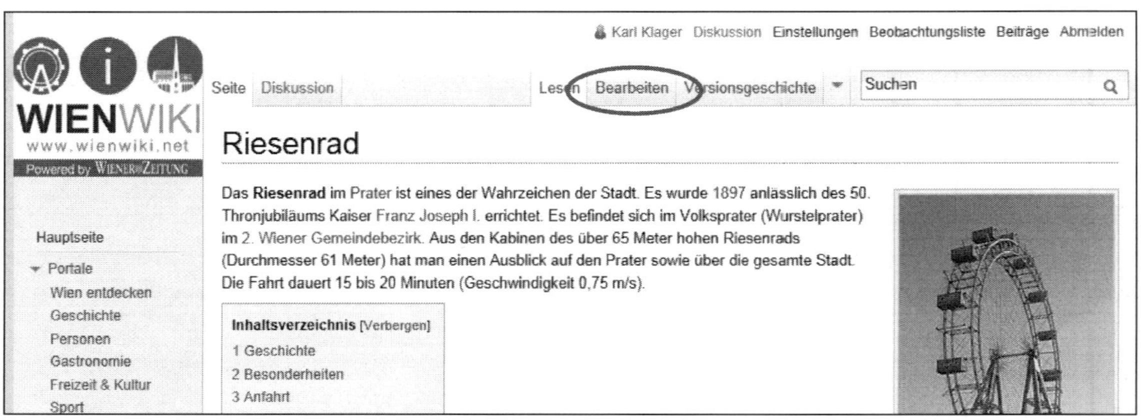

Der zu veröffentlichen Text wird entweder direkt in das **Wikitext**-Registerblatt eingetragen oder kann aus einem Dokument übernommen (einkopiert) werden.

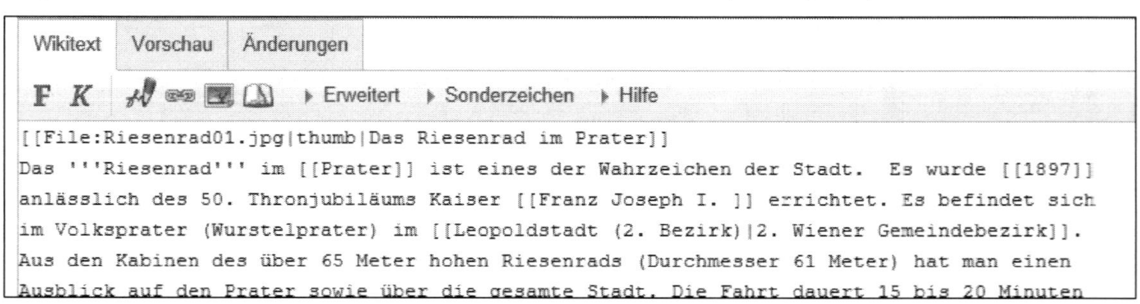

Damit der eingegebene Text auch im Wiki-Format erscheint, ist eine spezielle Codierung vorgeschrieben. So werden Überschriften verschiedener Ebenen mit = (Gleichheitszeichen) begrenzt (zB ===Überschrift=== für Überschrift in dritter Ebene) oder der Link zu einem Stichwort in [[ ]] (eckige Klammer) gesetzt.
Beispiel: [[Franz Josef I.]].

Wikis sind für alle offen. Man wird jedoch nicht ohne gewisse Regeln auskommen. So sind Textübernahmen aus fremden Seiten verpönt, und wenn aus anderen Werken zitiert wird, so ist das zu vermerken. Die Gliederung einer Wiki-Seite sieht dafür eigene Rubriken (Quellangaben, Einzelnachweis, Literatur, …) vor.

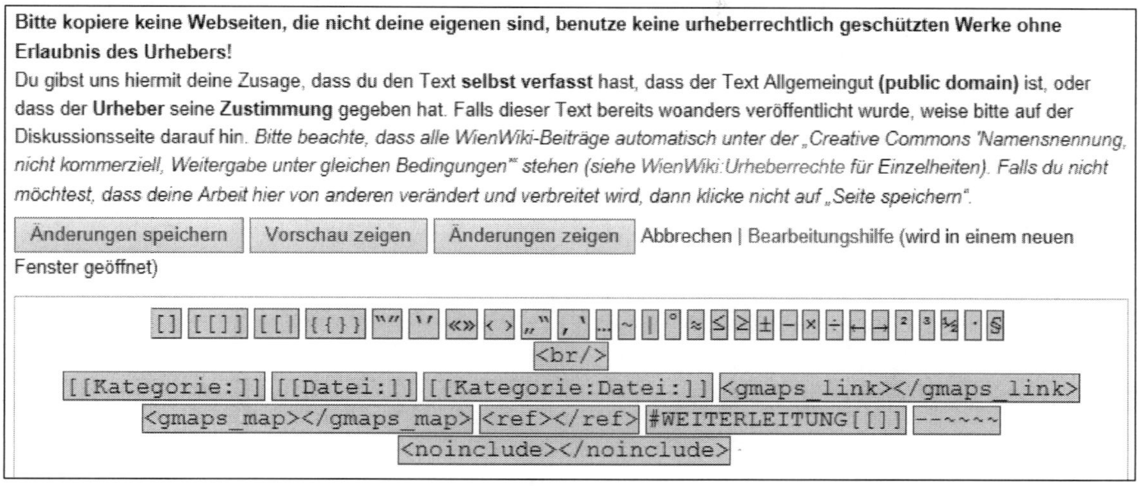

Verwenden Sie die entsprechenden Schaltflächen, um Ihren Text als Vorschau zu betrachten, lassen Sie sich zur Kontrolle die Änderungen anzeigen und speichern Sie schließlich Ihre Arbeit.

Die Einträge werden laufend protokolliert und können daher nachverfolgt werden. Eine „Diskussion" ermöglicht es, dass unterschiedliche Meinungen zwischen den Benutzern aufgearbeitet werden.

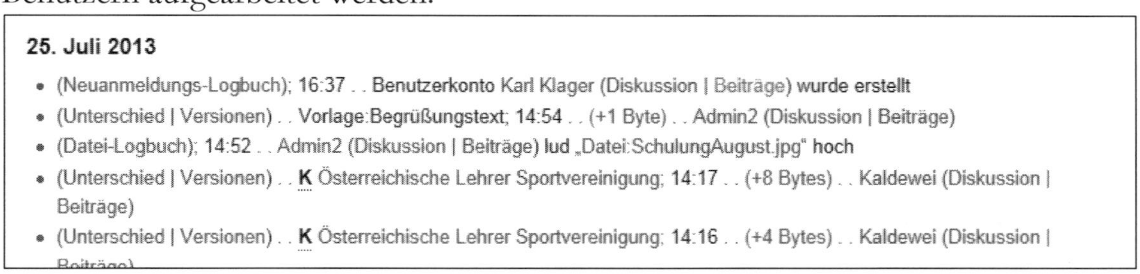

3.4 Online-Meetings

Online-Meetings sparen Geld und Zeit. Statt Geschäftsbesprechungen an einem zentralen Ort durchzuführen, zu denen die Teilnehmenden extra anreisen müssen, werden Konferenzen im Internet durchgeführt. Dieses virtuelle Treffen findet über den Computer am Arbeitsplatz der jeweiligen Teilnehmenden statt. An Stelle des realen Konferenztisches tritt bei einer Webkonferenz der PC-Desktop des Sitzungsmoderators.

Zur Erhöhung der Interaktivität können Webkonferenzen um Elektronische Meetingsysteme (EMS) ergänzt werden. EMS erweitern die Funktionalität einer Webkonferenz um weitere Werkzeuge (Tools) für Brainstorming, Abstimmungen und Diskussionen, die in der Regel auch anonym durchgeführt werden können, sowie eine Volltextdokumentation. Sie ermöglichen zudem die Vor- und Nachbereitung des Online-Meetings.

3.4.1 Eine Anwendung für Online-Meetings öffnen, schließen. Ein Meeting erstellen mit Zeit, Datum und Thema. Ein Meeting absagen

Je nach Betriebsgröße und Teilnehmerzahlen können verschiedene Programme mit unterschiedlichen Tools ausgewählt werden. Manche Anbieter stellen auch eine zeitlich begrenzte Testversion zur Verfügung.

Teamviewer: http://meeting.teamviewer.com/de

Nachstehende Abbildungen sind der Website entnommen. Sie zeigen die Anlage eines Termins, die Einladung der ausgewählten Teilnehmer und die Vorbereitung der E-Mail-Einladung.

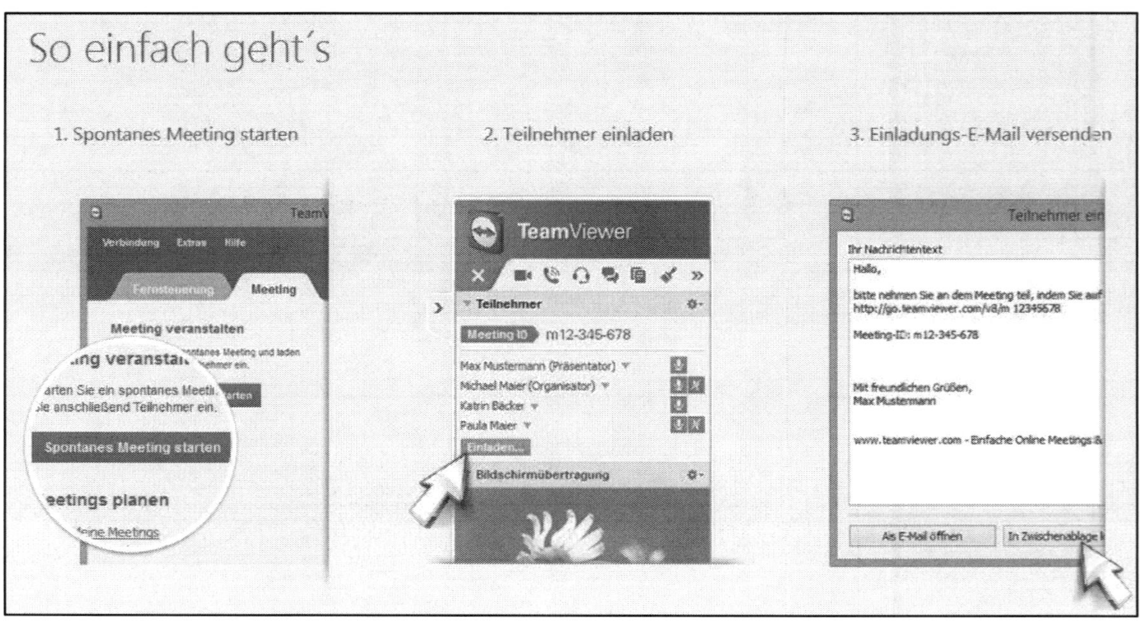

Eine sehr ähnliche Bediener-Oberfläche bietet auch das Programm *Mikogo*.

http://www.freeware.de/download/mikogo_35105.html

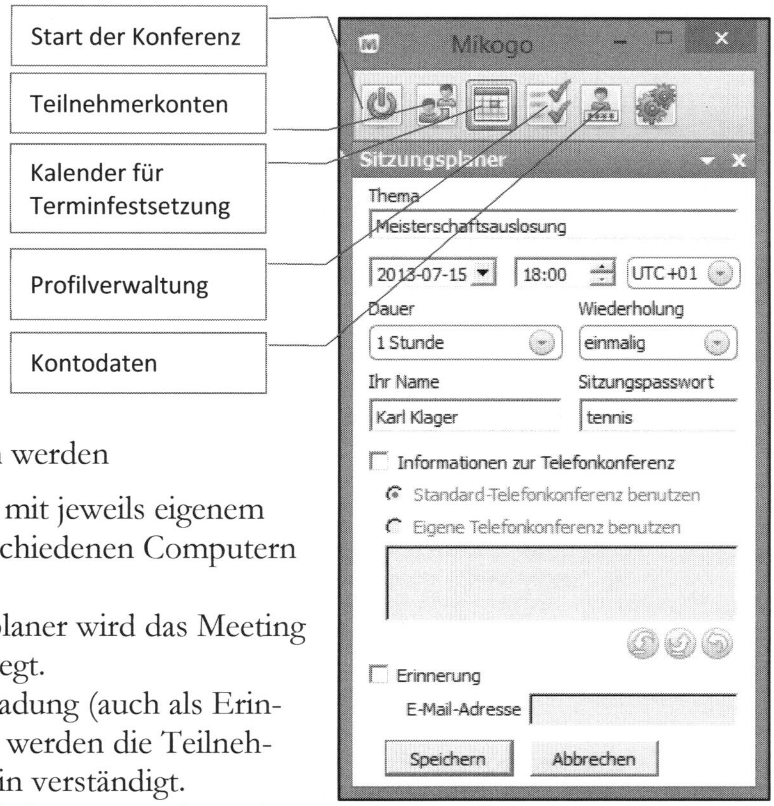

Auch in diesem Programm werden

a) die Teilnehmenden mit jeweils eigenem Konto auf den verschiedenen Computern angemeldet.
b) Über den Sitzungsplaner wird das Meeting im Kalender festgelegt.
c) Mittels E-Mail-Einladung (auch als Erinnerung versendbar) werden die Teilnehmenden vom Termin verständigt.
d) Nachträgliche Bearbeitungen und Löschen eines Meetings können über entsprechende Schaltflächen getätigt und die Teilnehmenden davon verständigt werden.

3.4.2 Personen einladen, ausladen. Zugangsrechte festlegen

Jede festgelegte Sitzung bekommt eine eindeutige Identifikation. Mit der Einladung wird diese ID-Nummer den Teilnehmenden mitgeteilt. Sie erlaubt bei Beginn der Sitzung die Teilnahme durch Freischaltung der Telefonleitung bzw. des Datennetzes. Durch Hinzufügen werden weitere Personen zum Meeting eingeladen, durch Löschen eines Teilnehmenden wird dieser ausgeladen.

3.4.3 Ein Meeting beginnen, beenden

Die Konferenz wird durch eine Person (Moderator) vorbereitet und geleitet. Sie kann in die Diskussion eingreifen, bestimmt den Ablauf und beendet die Diskussion. Je nach Aufbau des Programms sind dafür Menüs oder Schaltflächen vorgesehen.

3.4.4 Den eigenen Bildschirminhalt auf andere Computer übertragen (Desktop-Sharing)

Der Moderator kann die Rollen der Teilnehmenden festlegen: zB für die Präsentation des kommenden Budgets eine weitere Person zuschalten und deren Bildschirm auf die übrigen Teilnehmenden übertragen (Screen-Sharing oder Desktop-Sharing). In einigen Programmen wird dies über den Befehl **Teilen** angesteuert.

Die Übertragung erfolgt in Echtzeit, so dass an einem entfernten Rechner gearbeitet werden kann, als würde man direkt davor sitzen. Hilfreiche Funktionen sind dabei die Fernsteuerung von Tastatur/Maus, Präsentatorwechsel, Zeigepfeile, Aufzeichnung/Wiedergabe, Whiteboard und Meetingplaner.

3.4.5 Chat-Funktion in einem Online-Meeting verwenden

Die Möglichkeit der synchronen, textorientierten Kommunikation mehrerer Teilnehmer über das Internet findet üblicherweise in eigenen Chatrooms statt. Diese Verständigungsform hat bei einer Online-Konferenz den Vorteil, dass der geschriebene Kurztext auch gleich als Basis der Protokollierung dienen kann. Instant Messaging ermöglicht auch gleich die Weiterleitung von Dokumenten.

3.4.6 Video- und Audio-Funktion in einem Online Meeting verwenden

Online-Meetings können auch über *Skype* durchgeführt werden, soferne jeder Teilnehmende mit einer Kamera ausgestattet ist.

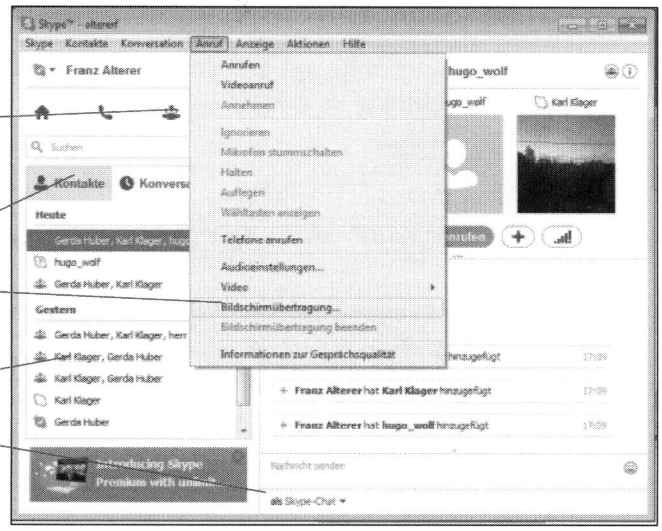

1. Aktivieren Sie die Schaltfläche für neue Gruppenanrufe.
2. Wählen Sie dazu aus der Kontakte-Liste die Teilnehmenden. Gegebenenfalls verwenden Sie die bereits bestehenden Gruppen aus der Kontaktliste.
3. Bei Bedarf aktivieren Sie **ANRUF /BILDSCHIRMÜBERTRAGUNG**
4. Starten Sie über **Videoanruf** die Konferenz.

3.5 Online-Lernplattformen

Neben den speziell für Wissensvermittlung konzipierten Programmen (Moodle, Ilias, Articulate …) sind auch die sozialen Medien von großer Bedeutung für E-Learning, Blended Learning und Wissensmanagement. Sie werden zum Brainstorming oder im Sinne von Lerntagebüchern genutzt und dienen allgemein dem informellen Lernen. Häufig sind sie in Lernplattformen und Knowledge-Management-Lösungen integriert.

Lernplattformen werden für viele Wissensgebiete, für unterschiedliches Vorwissen und für Personen unterschiedlichen Alters angeboten.

3.5.1 Wissen, was eine Online-Lernplattform (VLE: Virtuelle Lernumgebung, LMS: Lern-Management-System) ist

Lernplattform bzw. Learning Management System (LMS) nennt man ein Softwaresystem, das verschiedene aufgabenspezifische Teilprogramme beinhaltet, mit denen verschiedene Lernszenarien unterstützt werden. Die Bedienung erfolgt über eine Menü- oder Schaltflächengesteuerte Oberfläche, die zu den einzelnen Teilprogrammen führen.

Lernplattformen beinhalten nicht nur eine Sammlung von Schulungsunterlagen zu denen die Lernenden über das Internet Zugriff haben, sondern unterstützen auch die

- Kursverwaltung (Kurse, Verwaltung der Inhalte und Dateien)
- Administration der Teilnehmenden (An- und Abmeldung mit Verschlüsselung)
- Werkzeuge für das Lernen (Whiteboard, Notizbuch, Annotationen, Kalender...)
- Speicherung der Lernfortschrittsdaten
- Kommunikationsmethoden (Chat, Foren)
- verschiedene Testmethoden zur Wissensüberprüfung.

Die Lernumgebung ist dem realen Unterricht nachempfunden (Virtuelle Lernumgebung). So soll auch bei örtlicher Trennung der Teilnehmenden von ihrem Trainer (Lehrer) das Gefühl einer engen Zusammenarbeit erzeugt werden. Die modernen Medien ermöglichen das sowohl bei der Kommunikation untereinander als auch bei der Nutzung unterschiedlicher Lernmethoden (Film, Dokumente, Arbeitsdateien, interaktive Rollenspiele...).

3.5.2 Funktionen einer Lernplattform kennen, wie: Kalender, Schwarzes Brett, Chat, Bewertungsübersichten

Nach erfolgter Registrierung der Kursteilnehmerin /des Kursteilnehmers mittel Benutzernamen und Kennwort erscheint am Bildschirm der Arbeitsbereich (Schreibtisch). Diese Lernoberfläche beinhaltet alle Informationen, die während eines Kursablaufes notwendig sind.

In der nachstehenden Abbildung des Open Source-Programmes ILIAS (Demoversion www.ilias.de) finden sich im Aufgabenbereich

- Kalender zur Festlegung der Lernzeiten und Prüfungstermine, Sprechstundentermine usw.
- Mailingliste aus der Kommunikation zwischen Kursleiter und Teilnehmenden
- Notizenbereich, eine Pinnwand (schwarzes Brett), an die alle Gruppenmitglieder Ihre Anfragen und Stellungnahmen posten können.
- Teilnehmerliste / Kontaktliste
- Ordnerliste und Lesezeichen

Je nach technischer Ausstattung der Lernprogramme kann der Inhalt durch Audio- oder Videosequenzen unterstützt werden.

Der wirkliche Unterschied zu einem Lernprogramm, das nur auf einer CD oder DVD abspielbar ist, ist aktive Teilnahme an Gruppendiskussionen und Fragestunden. Solche werden über einen Chatroom oder über Videokonferenzschaltung geführt.

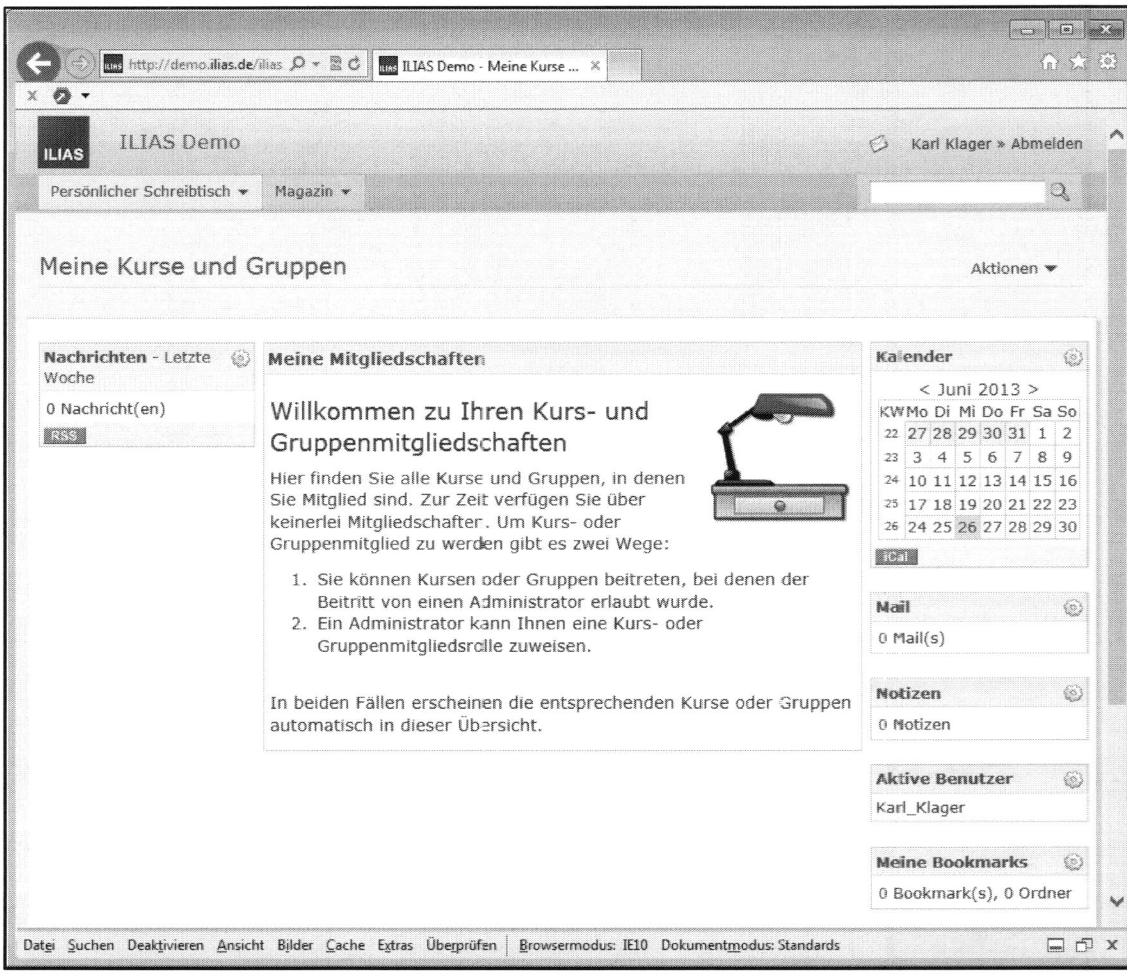

Über das Register **MAGAZIN** finden sich im Navigationsbereich (links im Fenster) die Kursinhalte. Nach Aufruf des Lernthemas wird dieses im Arbeitsbereich eingeblendet.

3.5.3 Auf einer Lernplattform auf Kursinhalte zugreifen

Jede Ausbildung ist gegliedert in übersichtliche Einzelthemen. Diese beinhalten den Lernstoff und in den meisten Fällen auch ein Selbsttestsystem, über das die Lernenden selbst ihren Lernerfolg testen können. Diese stufenweise Wissensvermittlung kann bei Bedarf mehrmals wiederholt werden. Dazu ist ein übersichtlicher Aufbau der Lektionen notwendig, die durch Glossar und Stichwortverzeichnisse unterstützt werden. Die gewünschten Themen müssen rasch zu finden und die Lektion durch wenige Tastenklicks aufzurufen sein.

3.5.4 Upload und Download von Dateien auf einer Lernplattform ausführen

Der Aufruf einer Lektion oder eines Tests erfolgt durch die Auswahl aus dem Lerncontent. Der Inhalt (Text, Ton- und Filmdateien, Fotos und Zeichnungen) wird automatisch auf den Rechner heruntergeladen (Download). Während des Durcharbeitens des Lerninhaltes müssen vorgegebene Übungen abgearbeitet werden. Die Dateien mit den Antworten bzw. Lösungen werden an den Trainingsleiter gesendet (Upload).

3.5.5 Kurs-Aktivitäten verwenden, wie: Quizumgebungen, Diskussionsforen

Wie können nun derartige Übungen und Tests aufgebaut sein? Die Datenverarbeitung in Zusammenspiel mit der Kommunikationstechnologie bieten übersichtliche und einfach zu bedienende Testelemente.

Fragebögen mit Multiple Choice Tests, Test-Puzzles, Fülltexte, Kreuzworträtsel und ähnliche Methoden können über den Bildschirm eingeblendet werden und sofort nach der erfolgten Antwort die Rückmeldung „leider falsch" „super" oder die Lösung einblenden.

Sehr erfolgreich sind auch Diskussionsforen. Sowohl für die Kommunikation innerhalb der Lerngruppe als auch in Bezug auf die Wissenserweiterung sind diese Termine nützlich. Dabei kann die Kommunikation, wie bereits oben erwähnt, nicht nur asynchron schriftlich sondern in Form einer Videokonferenz stattfinden.

Verschiedene Testversionen im Lernsystem

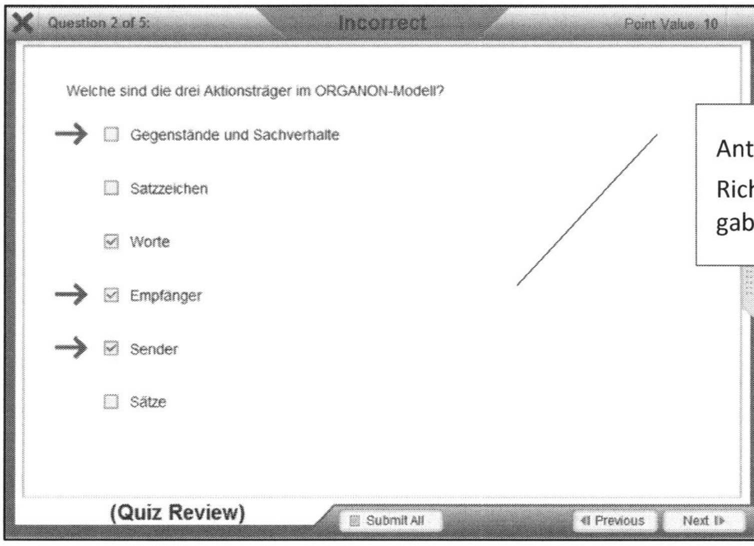

Antworten im Multiple-Choice-System
Richtige Lösung wird nach Antwortabgabe angezeigt

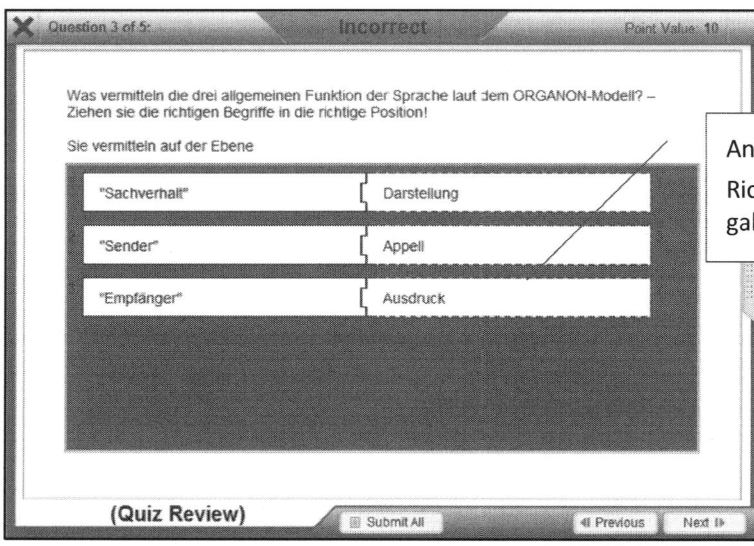

Antworten mit Puzzle-Aktion
Richtige Lösung wird nach Antwortabgabe angezeigt

Bewertungssystem

Nr	Question	Correct Answer	Student Answer	Result	Points Awarded
1	Nennen Sie die drei allgemeinen Funktionen der Sprache nach Bühler!	Darstellungsfunktion;Ausdrucksfunktion;Kommunikative Funktion;	Ausdrucksfunktion;Darstellungsfunktion;Kommunikative Funktion;	Correct	10
2	Welche sind die drei Aktionsträger im ORGANON-Modell?	Gegenstände und Sachverhalte;Sender ;Empfänger;	Empfänger;Gegenstände und Sachverhalte;Sender ;	Correct	10
3	Was vermitteln die drei allgemeinen Funktionen der Sprache laut dem ORGANON-Modell? – Ziehen sie die richtigen Begriffe in die richtige Position! Sie vermitteln auf der Ebene	Darstellung;Ausdruck;Appell;	Darstellung;Ausdruck;Appell;	Correct	10
4	Welche besonderen Sprachfunktionen kennen Sie?	Emotive Funktion;Appellative Funktion;Persuative Funktion;Manipulative Funktion;	Appellative Funktion;Emotive Funktion;Manipulative Funktion;Persuative Funktion;	Correct	10
5	Welche Felder der gesellschaftlichen Kontrolle kennen Sie?	Primärsozialisation;Sekundärsozialisation;Tertiärsozialisation;Propaganda;	Primärsozialisation;Propaganda;Sekundärsozialisation;Tertiärsozialisation;	Correct	10

4 Mobile Zusammenarbeit

Mobile Computing bezeichnet die orts- und zeitunabhängige Nutzung von IT-Diensten auf mobilen, über Mobilfunk, WLAN oder Bluetooth angebundenen Endgeräten. Diese Geräte stellen über ihre speziell angepassten Betriebssysteme eine Ablaufumgebung bereit, die den Betrieb leistungsfähiger Applikationen „Apps" unterschiedlichster Kategorien unterstützt.

4.1 Grundlegende Kenntnisse

Technische Voraussetzungen

Gerätetyp

Bezeichnung / Hersteller	***Betriebssystem***	***Größe / Bildschirm***
iPhon / Apple	Ab iOS 3	123,8 x 58,6 x 7,6 mm /4 Zoll
iPad / Apple	Ab iOS 5	241,2 x 185,7 x 9,4 mm / 9,7 Zoll
iPad mini / Apple	Ab iOS 5	200,0 x 134,7 x 7,2 mm / 7,9 Zoll
Galaxy S4 / Samsung	Android 4.2.2	136,6 x 69,8 x 7,9 mm / 4,8 Zoll
Galaxy Tab 10.1N / Samsung	Android 4	257,0 x 175,0 x 8,6 mm / 10,1 Zoll
Nokia Lumia 925	Windows Phone 8	129,0 x 70,6 x 8,5 mm / 4,5 Zoll
Div PCs, Laptops, Tablets, einige Smartphones	Windows 8 / 8.1	

Funksysteme

- 2,5G (EDGE / GPRS) : 850 / 900 / 1800 / 1900 MHz
- 3G (HSPA+ bis 21Mbit/s) : 850 / 900 / 1900 / 2100 MHz
- WLAN 802.11 a/b/g/n
- Bluetooth 3.0

4.1.1 Mobile Geräte kennen, wie: Smartphone, Tablet

Smartphone

Smartphones sind Mobiltelefone, die mehr Computerfunktionalität und mobile Zusammenarbeit ermöglichen als herkömmliche Handys. Sie vereinigten die Funktionen eines Tablet-Computers mit der Funktionalität eines Mobiltelefons und bieten auch noch die Funktionen eines transportablen Medienabspielgerätes, einer Digital- und Videokamera und eines GPS-Navigationsgeräts.

Viele moderne Smartphones sind mit einem hoch auflösenden berührungsempfindlichen Bildschirm ausgestattet. Über diesen kann auch die Wiedergabe von Webseiten erfolgen.

Die Internet-Anbindung erfolgt über das mobile Breitband und WLAN.

Nutzen

Die gute technische Ausstattung ermöglicht vielseitigen Nutzen eines Smartphons:

- Kommunikationszentrale (Mobiltelefon, Webbrowser, E-Mail, SMS, MMS sowie IP-Telefonie (VoIP), Instant Messaging (IM) und Chat, teilweise auch Fax, Video-Telefonie und Konferenz-Lösungen)
- Informationsmanager mit Adressbuch, Terminkalender, Aufgabenliste, Notizblock, Geburtstagsliste usw. mit Abgleich (Synchronisation) mit einer Desktop-Applikation oder über das Internet zu Outlook.com, Gmail oder BlackBerry-Dienst
- Datenspeicher, zB für Fotos oder Dokumente
- Medienfunktionen mit Mediaplayer, Radio, Bildbetrachter, einfacher Foto- und Videokamera
- Taschencomputer; beispielsweise für Textverarbeitung, Tabellenkalkulation, PDF-Reader, Taschenrechner.
- Funk-Modem für den PC, auch Tethering genannt
- Navigation mit Navigationssystem und Landkarten
- Spiele-Plattform/mobile Spielkonsole
- Enterprise Mobility Client: Mobiles Zugangsgerät zu IT-Diensten und Servern innerhalb einer Unternehmensinfrastruktur. Einsatzbeispiele: Rechnungswesen, Produktionssteuerung, Warenwirtschaftssystem, Logistik.

Tablet

Ein Tablet PC ist ein ganzer Computer integriert in einen Touchscreen. Anweisungen erfolgen mittels Fingertipp und Fingergesten oder mit einem speziellen Stift. Funktionstasten am Bildschirmrand des Tablets erleichtern die Bedienung zusätzlich. Maus und Tastatur sind nicht mehr nötig!

Spätestens mit Apples iPad sind Tablets eine ernst zu nehmende Produktkategorie geworden, die sich zwischen Smartphone und Notebook ihren Platz erobert hat. Grundsätzlich unterscheiden sich Tablets im installierten Betriebssystem und in der Bedienung. Das iPad läuft unter iOS, viele andere Hersteller setzen auf das Google-Betriebssystem Android oder auf Windows. Bei den meisten Tablets erfolgt die Eingabe per Fingergesten am berührungssensitiven Bildschirm. Einige Android- und Windows-Geräte können zusätzlich mit einem Stift bedient werden.

Der Stift dient aber nicht nur zur zielgerichteten Steuerung des Gerätes, sondern man kann mit dem Stift auch auf dem Bildschirm schreiben. Eine Handschriftenerkennung wandelt die Schreibschrift auf Wunsch in ein klassisches Schriftdokument um. Tablets verfügen über eine einblendbare Tastatur, zudem ist der Anschluss einer externen Tastatur beispielsweise über Bluetooth oder USB möglich.

Tablet mit echter Tastatur

Neben den oben genannten Geräten ohne Tastatur existieren besonders im Geschäftsumfeld die Convertibles mit Tastatur. Das Display ist um 180 Grad drehbar und es lässt sich nach oben über die Tastatur klappen, so dass diese nicht mehr sichtbar ist und die Bedienung rein über ein Eingabegerät, wie etwa einen Stift, erfolgt. Allerdings sind Convertibles auf Grund der integrierten Tastatur im Vergleich zu einem reinen Tablet relativ schwer und dick

4.1.2 Verstehen, dass mobile Geräte ein Betriebssystem benötigen. Gängige Betriebssysteme für mobile Geräte kennen

Verschiedene Geräte – verschiedene Betriebssysteme

Die Wahl des Betriebssystems kann auch die Entscheidung beeinflussen, welche Zusatzprogramme (Apps) genutzt werden können.

Mit iOS (derzeit in der Version iOS 7) bietet Apple ein ausgereiftes Betriebssystem, das vor allem durch eine übersichtliche Menüstruktur und die intuitive Bedienung punktet. Marktanteil im Smartphone-Bereich 2012 ca 20 % (Studie Gartner Inc.).

Android-Geräte haben den Vorteil, dass das Betriebssystem (derzeit Version 4.2.2) besonders offen ist und viele Individualisierungsmöglichkeiten sowie zahlreiche Apps bietet. Der Marktanteil ist seit dem Jahr 2009 von rund 4 % bis 2012 auf rund 66 % angestiegen (Studie Gartner Inc.).

Windows 8.1 ist besonders für den beruflichen Alltag geeignet: Es trennt Arbeit und Entertainment in zwei Bereiche und ist mit allen Windows PCs und Notebooks kompatibel.

Mehrere Betriebssysteme

Derzeit (Juni 2013) sind die Tablet-Anbieter noch sehr darauf bedacht, ihre Geräte auf nur ein Betriebssystem einzurichten. Das könnte sich aber bald ändern. Einer Pressemeldung zufolge bietet ein Hersteller bereits ein Gerät mit Windows und Android an.

> *Ein Tablet mit Android- oder Windowsbetriebssystem?*
> *Diese Grundsatzentscheidung müssen Samsungkäufer zukünftig vielleicht gar nicht mehr treffen: Das Ativ Q, das die Südkoreaner bei der Samsung Premier 2013 vorstellten, funktioniert mit beiden Systemen. Dual OS nennt Samsung die Technologie, die dem Nutzer ermöglicht, zwischen Windows-8-Kacheln und Android-Jellybean-Homescreen hin- und herzuwechseln, ohne das Gerät herunterfahren zu müssen. Das QHD+Display mit einer Auflösung von 3.200 x 1.800 Pixel ist durch ein breites Gelenkteil mit einer Tastatur verbunden, sodass der User das Tablet durch Umklappen zum Notebook umfunktionieren oder abgestützt hinstellen kann. Leicht in der Hand liegt die Konstruktion mit einem Gewicht von 1,29 Kilogramm allerdings nicht. Zur besseren Bedienung des Hybriden legt Samsung einen S Pen bei, der in der Galaxy-Note-Reihe bereits Anwendung fand. Wann und zu welchem Preis das Ativ Q hierzulande in den Handel kommt, konnte ein deutscher Samsung-Sprecher auf Nachfrage noch nicht beantworten.*

4.1.3 Wissen, was Bluetooth ist und wie man es verwendet

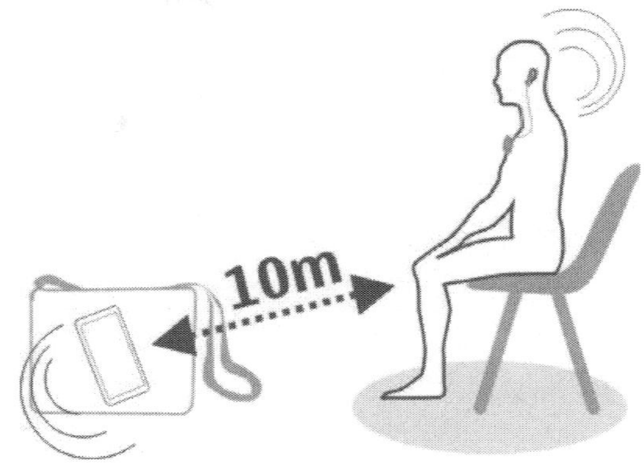

Bluetooth ist eine Funktechnik zur Datenübertragung. Es ermöglicht die Vernetzung verschiedener Geräte per Funk und ist der Standard für Datenübertragung per Kurzstreckenfunk. Dadurch können Computer, Zusatzgeräte und Handys drahtlos miteinander verbunden werden. Es gibt verschiedene Geräteklassen, die eine Datenübertragung auf bis zu 100 Meter ermöglichen. Für den üblichen Gebrauch bei einem Smartphone (Freisprecheinrichtung, Kopfhörer, Datenübertagung auf PC) reichen etwa 10 Meter, was einen nur geringen Stromverbrauch bewirkt.

Ein paar technische Details:

Die Geräte haben dafür einen winzigen Mikrochip samt Sende- und Empfangseinheit. Darüber hinaus benötigen die Geräte auch eine entsprechende Software, die den Datentransfer steuert. Damit sich Bluetooth-Geräte gegenseitig eindeutig erkennen und andere Funkverbindungen nicht stören, hat jedes einzelne Gerät eine einmalige, 48 Bit-lange Seriennummer.

Die erste Version von Bluetooth schaffte maximal 723 kbps Datenübertragung. Für schnurlose Verbindungen zwischen Kleinstgeräten, die nur wenige Daten austauschen müssen, reicht diese Technik aber völlig.

Bluetooth Version 2.0/2.1: Übertragungsgeschwindigkeit wurde auf 2,1 Mbps verdreifacht.

Anschluss eines Bluetooth-Gerätes

Die nachstehende Schrittfolge ist einer Smartphone-Anleitung entnommen, die den Anschluss eines Headsets beschreibt. Diese Vorgangsweise kann je nach Geräteverbindung (zB PC zu Handy) und Betriebssystem leicht unterschiedlich sein.

1. Wählen Sie **Einstellungen /Verbindungen /Bluetooth.**
2. Wählen Sie **Name meines Geräts** und geben Sie einen Namen für das Gerät ein.
3. Zur Aktivierung von Bluetooth wählen Sie **Bluetooth.** Das eingeblendete Symbol bestätigt, dass die Bluetooth Funktion aktiv ist.

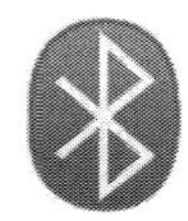

4. Um das Gerät (Sendestation) mit dem Audiozubehör (Empfangsgerät) zu verbinden, wählen Sie **Audio-Zubehör anschließen** und das Zubehör.
5. Wählen Sie **Gekoppelte Geräte /Neu /Gerät hinzufügen**, um das Gerät mit einem Bluetooth Gerät in Reichweite zu koppeln.
6. Markieren Sie das gefundene Gerät und wählen Sie **Hinzufügen.**
7. Geben Sie gegebenenfalls ein Passwort ein und schließen Sie die Installation ab.

4.1.4 Wissen, welche Arten der Internetverbindung für mobile Geräte es gibt: drahtlos (WLAN/Wi-Fi), mobiles Internet (3G, 4G). Eigenschaften von Internetverbindungen verstehen, wie: Geschwindigkeit, Kosten, Verfügbarkeit

Wie werden die Daten zwischen den verschiedenen Geräten übertragen?

Bekannt sind sicherlich die althergebrachten Versionen eines Telegrafenmastes und die Verkabelung von Computern mittels Kabel.

In der Mobiltechnologie sind kabellose Verbindungen (wireless) angesagt.

Und dabei gibt es eine ganze Reihe unterschiedliche Technologien:

Technische Entwicklung des Mobilfunks

Mobilfunksysteme der 1. Generation (1G) waren das A-, B- und C-Netz. Alle drei Netze übertrugen Daten analog. Erst mit GSM (2. Generation 2G) wurde ein digitales Übertragungsverfahren für die Sprachübertragung verwendet. Hauptbestandteil von Mobilfunksystemen der 3. Generation (3G) sind Datendienste, wie Videotelefonie und der mobile breitbandige Internet-Zugang. Derzeit ist die 4. Generation (4G) die gängige Technologie, die mit hohem Übertragungsraten (bis 1 GBit/sec) zügiges Arbeiten ermöglicht.

Begriffsdefinitionen

SIM-Karte Die SIM-Karte ist eine Telefonkarte mit einem Chip, auf dem alle wichtigen Daten des Besitzers und seines Mobiltelefons gespeichert sind (zB das Telefonbuch). Jede Karte hat eine weltweit einmalige Kennung.

Auf dem Chip befindet sich auch der vierstellige Sicherheitscode, die Personal Identity Number (PIN). Sie schützt vor unberechtigten Zugriff auf das Gerät.

Die SIM-Karte kann von einem Mobiltelefon ausgebaut und in ein anderes eingebaut werden, so, dass die zugewiesene Rufnummer über ein anderes Mobiltelefon genutzt werden kann.

Für das UMTS-Netz gibt es eine spezielle SIM-Karte, die U-SIM. Es ist eine verbesserte SIM-Karte mit mehr Speicherplatz und Funktionen.

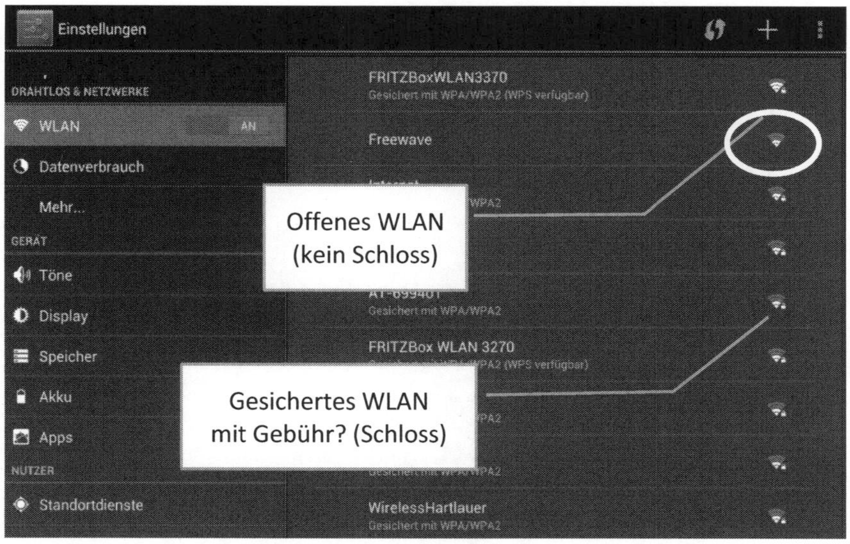

Hotspot Hotspots (oft auch als auch Hot Spot geschrieben) sind öffentliche drahtlose Internetzugriffspunkte. Die meisten finden sich in Restaurants, Cafés, Hotels, Krankenhäusern oder an öffentlichen Plätzen (Einkaufszentren, Flughäfen, Bahnhöfen …). Mit einem Notebook oder Mobiltelefon kann man mittels der WLAN-Technologie eine Verbindung zum Internet aufbauen.

Manche Hotspots können nur gegen Gebühr genutzt werden. Ist der Zugang kostenlos, so spricht man von einem Open WLAN, das auch nicht gesichert ist. Das klingt vorerst einmal sehr negativ. Doch da über einen solchen Anschluss Sie sicher keine Geldtransaktionen oder andere eher geheim zu haltende Nachrichten versenden, ist es nicht so gefährlich.

Offenes WLAN

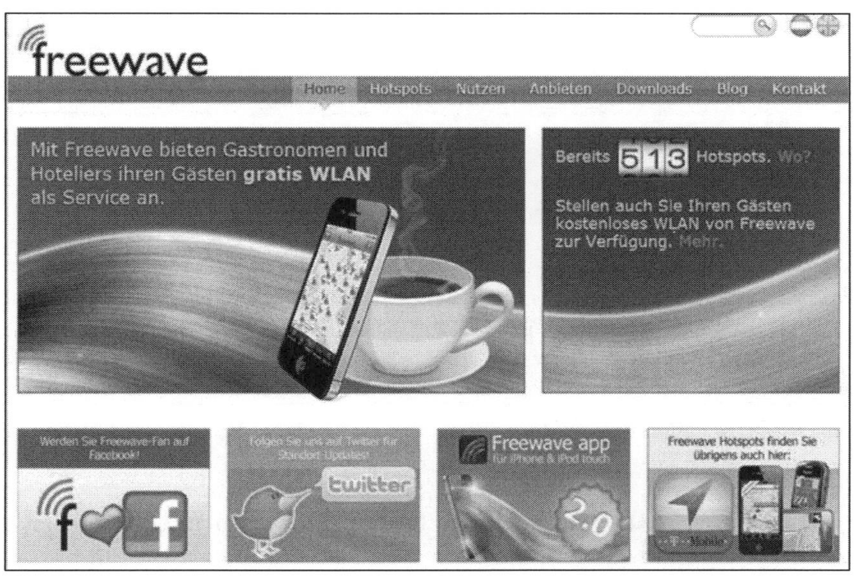

In den letzten Jahren hat sich die Anzahl der Geräte, die bei einem offenen WLAN verwendet werden, gewaltig gesteigert. Hier werden vor allem Smartphones und Tablets für kurzzeitige Internetzugänge verwendet. Der Anteil der Laptop-User, die stundenlang im Caféhaus das kostenlose WLAN-Service nutzen, ist inzwischen stark zurückgegangen. In Österreich hat sich eine Firma auf den Betrieb von kostenlosen Hotspots spezialisiert. Dieser Provider bietet unter anderem für die Gastronomie aber auch für Schulungsinstitute Installationen an, die damit ein zusätzliches Leistungsangebot darstellen.

Nach Einwahl über das offene WLAN (siehe Abb. bei Hotspot) kommt man auf die Anmeldeseite mit der Aufforderung, sich mit dem Internet zu verbinden.

Access Point ist ein elektronisches Gerät, das als Schnittstelle für kabellose Kommunikationsgeräte dient. Endgeräte stellen über Wireless-Adapter (diese können im Computer eingebaut sein oder als USB-Stick arbeiten) eine drahtlose Verbindung zum *Wireless Access Point* her, der wiederum über ein Kabel mit einem fest installierten Kommunikationsnetz verbunden sein kann.

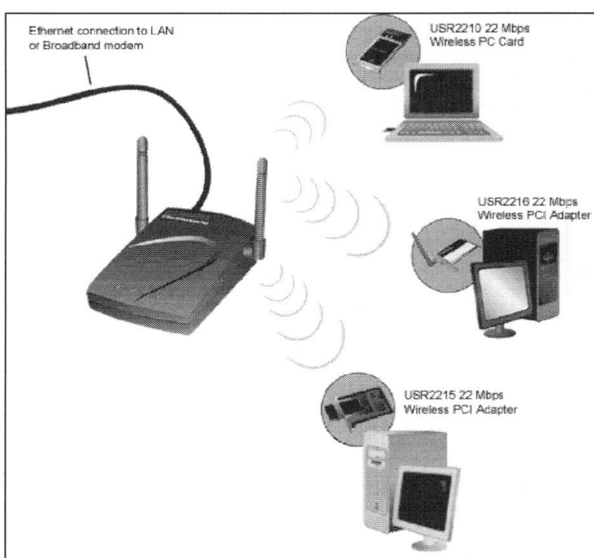

Access Point mode

Quelle: U.S.Robotics

WLAN (Wireless Local Area Network) beschreibt ein Funknetzwerk für kurze Strecken.

Wi-Fi Direct ist ein Standard zur Datenübermittlung zwischen zwei WLAN-Endgeräten ohne zentralen Access Point. Wi-Fi Direct basiert auf der internationalen Norm IEEE 802.11 (ISO/IEC 8802-11), die die Eigenschaften eines drahtlosen Netzwerkes beschreibt. „Wi-Fi Direct"-fähige Geräte werden von der Wi-Fi Alliance zertifiziert; dadurch wird sichergestellt, dass die Zusammenarbeit zumindest zwischen Wi-Fi zertifizierten Geräten gewährleistet ist.

Bandbreiten und Reichweite

Im Freien sollte es möglich sein, ohne weitere Antenne und ohne Verstärker bis zu 500 Meter zu überbrücken, in Innenräumen immerhin noch bis zu 90 Meter - Wände und Decken schwächen allerdings auch das Wi-Fi-Signal ab.

Standard	Bandbreite	Reichweite
WLAN	Max. 600 Mbps	30 bis 100 Meter im Freien
Bluetooth	Max. 2,1 Mbps	10 Meter, mit Zusatzverstärker bis 100 Meter
Wi-Fi Direct 802.11.a	54 Mbps	10 Meter
Wi-Fi Direct 802.11.b	11 Mbps	zwischen 20 und 50 Metern in geschlossenen Räumen, bis zu 500 Meter im Freien
Wi-Fi Direct 802.11.g	54 Mbps	bis zu 90 Meter in geschlossenen Räumen, bis zu 400 Meter im Freien
Wi-Fi Direct 802.11.n	450 Mbps	bis zu 150 Meter in geschlossenen Räumen, bis zu 500 Meter im Freien

Kosten

Abgesehen von den einmaligen Anschaffungskosten für Hardware – in manchen Geräten sind die Komponenten bereits fix eingebaut – sind es vor allem die Übertragungskosten, die hier einen Unterschied ausmachen. Selbst wenn der Service-Provider (sowohl im Bereich Internet als auch im Bereich Mobilfunk) Flat-Rate-Pakete anbietet, so wirken sich Übertragungsgeschwindigkeit und Datenintensität auf die Gesamtkosten aus. Die heutige Akku-Technologie stößt bei intensiver Nutzung integrierter Dienste wie Bluetooth, WLAN, GPS oder der Digitalkamera an ihre Grenzen. Und es ist nichts unangenehmer, als wenn man schnell ein Telefonat führen will und der Akku ist leer.

Für das Aufladen sollten daher immer ein Ladegerät für das 220 V Netz oder ein Kabel für den Zigarettenanzünder im Auto bereit stehen oder man legt sich ein Ladegerät mit einer Handkurbel zu.

4.1.5 Wichtige Regeln für die sichere Nutzung von mobilen Geräten verstehen, wie: Verwendung einer PIN, Backup des Inhalts, WLAN / Bluetooth ein- bzw. ausschalten

Sicherheit bei mobilen Geräten

Auf mobilen Geräten wie Notebooks, Tablets, Handys und Smartphones (aber auch auf transportablem Zubehör wie USB-Sticks, Speicherkarten, externen Festplatten oder CDs/DVDs) sind häufig sensible Informationen wie Kontaktdaten, firmeninterne Dokumente oder Passwörter gespeichert. Wegen ihrer handlichen Dimensionen sind diese Geräte speziellen Gefährdungen ausgesetzt – zB einem höheren Diebstahls- bzw. Verlustrisiko. Bei Verwendung im öffentlichen Raum können sensible Informationen auch dadurch bekanntwerden, dass unbefugte Personen mithören oder am Display mitlesen. Der wohl größte Risikofaktor ist jedoch, dass mobile Geräte oft unsichere Infrastrukturen zur Datenübertragung nutzen (Hotspots, ungesicherte Heimnetze, Bluetooth etc.).

Verwenden von Kennwörtern (PIN): Alle SIM-Karten in mobilen Geräten sind mit einer persönlichen Identifikationsnummer ausgestattet. Diese soll bei der ersten Inbetriebnahme verändert werden. Wird ein Gerät bewusst abgeschaltet, so kann es erst wieder unter Eingabe der Kennnummer reaktiviert werden. Das Gleiche gilt, wenn der Akku des Gerätes komplett leer war und das Gerät neu aufgeladen worden ist.

SSID im WLAN: Eine SSID kann bis zu 32 Zeichen lang sein und wird vom Netzbetreiber für das jeweilige drahtlose Netzwerk vergeben. Die SSID wird für gewöhnlich im Access Point festgelegt.

MAC Adressen sperren: Eine MAC Adresse ist eine weltweit einmalige und somit absolut eindeutige Ziffernfolge. Jede Netzwerkkarte besitzt genau eine dieser MAC Adressen. Die MAC-Adressensperrung funktioniert nach dem Prinzip, verbiete alles was nicht explizit erlaubt ist. Das bedeutet, dass alle MAC-Adressen, also alle Netzwerkkarten und somit Computer ausgesperrt sind, außer die, die manuell freigeschalten werden.

Datensicherung: Datenverlust auf mobilen Geräten kann auch durch physische Zerstörung des Gerätes oder des Speichermediums entstehen. Daher sollen auch diese Daten regelmäßig auf einem anderen Medium gesichert werden (Backup).

Abschalten der Funkverbindung: Ein offenes WLAN oder ein aktives Bluetooth gibt dem Angreifer die Möglichkeit, auf das sendende Gerät zuzugreifen. Nach Beendigung der WLAN- oder Blutooth-Nutzung sollte diese Funktion sofort abgeschaltet werden (das spart auch Strom!).

4.2 Mobile Endgeräte verwenden

Nachdem im vorigen Abschnitt für mobile Zusammenarbeit mehr die Theorie aufgezeigt wurde, wird in diesem Kapitel die Umsetzung in der Praxis behandelt. Hier sollte der „private Anwender" den einen oder anderen Hinweis erhalten, wie mit Tablets oder Smartphones die mobile Zusammenarbeit erfolgen kann. Als Betriebssystem wird dabei Android verwendet und für die Aufgaben werden die Programme die Google anbietet, verwendet. In dieser Konfiguration können die Übungen sowohl auf mobilen Geräten als auch auf einem stationären PC durchgeführt werden.

4.2.1 Sichere Verbindung zum Internet herstellen mittels drahtloser oder mobiler Technologie

Der erste Schritt beim Zugang zum Internet ist der Vertrag mit einem Provider. Das kann der Mobiltelefondienstanbieter sein oder ein Unternehmen, das mittels DSL, Kabel-TV, Strom oder Satellit die Übertragung anbietet.

Version Mobilfunk: Über das Mobiltelefon, Smartphone, ein USB-Modem oder SIM-Karte im Tablet wird die Verbindung direkt mit dem Provider hergestellt. Die Sicherheitseinstellung erfolgt bei der Erstanmeldung des Gerätes und wird meist in einer vorgegebenen Schrittfolge durch den Provider angeboten.

Version über Router/Hotspot: Die Verbindung des Mobil-Gerätes erfolgt durch einloggen in einen Hotspot oder einen Router (zB FritzBox).

In diesem Fall wird das mobile Gerät mit den Sicherheitsabfragen des Routers oder des Hotspots abgestimmt. Hier ist es notwendig, den Zugangscode zum Hotspot zu erfragen (siehe Seite 71) oder sich die Einstellungen des Routers zu notieren.

Übung

Die nachfolgende Schrittfolge bezieht sich auf ein Tablet mit dem Betriebssystem Android, das mit einem ADSL-Router (hier FritzBox) verbunden wird. Die Begriffe können je nach Hardware unterschiedlich sein, die Vorgangsweise ist allerdings immer gleich.

1. Öffnen Sie die **EINSTELLUNGEN** Ihres Mobilgerätes (Tablet).
2. Wählen Sie den Eintrag für drahtloses Netzwerk aus (WLAN).
   Sollte das Gerät die nächstgelegenen WLAN-Verbindungen nicht automatisch finden, so
   - Wählen Sie danach **WLAN-EINSTELLUNGEN**
     Dieses Fenster listet verschiedene WLAN-Funktionen auf.

- Klicken Sie auf das Optionsmenü und wählen Sie den Punkt **Netzwerke suchen** oder **Scannen.**
Das Gerät sucht jetzt nach einer neuen WLAN-Verbindung.

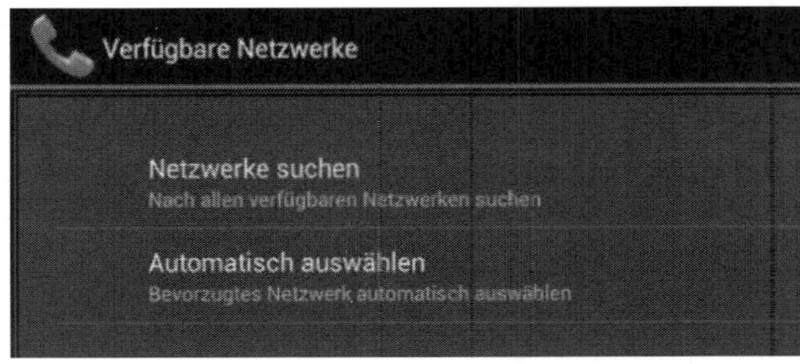

3. Die gefundenen WLAN-Netze werden aufgelistet. Klicken Sie auf Ihr Netz. Es öffnet sich ein weiteres Fenster mit den Angaben zu diesem Netz.

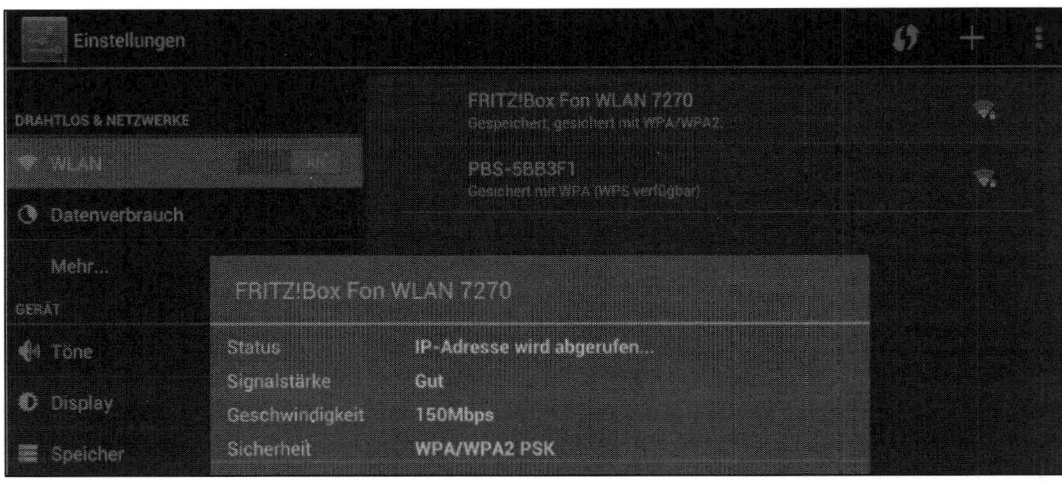

4. Tippen Sie das Passwort Ihres Routers in das entsprechende Feld und tippen Sie auf die Schaltfläche **Verbinden.**

Ergebnis:

Das Gerät ist mit dem Router (bzw. Hotspot) verbunden.

Nachdem Sie Ihr WLAN erfolgreich eingerichtet haben, nimmt das Tablet sofort Verbindung auf und ist online. Damit Sie die Verbindung immer im Blick haben, erscheint in der *Statuszeile* unten rechts jetzt ein WLAN-Symbol. Wenn Sie auf das Symbol tippen, öffnet sich ein *Infofenster* mit der Anzeige des Netzwerknamens und Sie können an Hand der Balken die Signalstärke erkennen. Die Prozentanzeige daneben bezieht sich nicht auf das Funksignal sondern den Ladezustand des Akkus.

Die meisten Router sind mit einer WPS-Funktion ausgestattet (Wi-Fi Protected Setup). Damit erspart man sich die Eingabe der Konfiguration und des Passworts. Sie brauchen nur noch die Schaltfläche Netzwerkeinrichtung betätigen.

Haben Sie auf Ihrem Router die sichtbare Kennung abgeschaltet, die sogenannte SSID, ist das Netzwerk unsichtbar und erscheint nicht in der Liste. In diesem Fall müssen Sie es manuell hinzufügen, indem Sie auf **WLAN-NETZWERK HINZUFÜGEN** tippen. Dadurch erscheint ein Eingabefenster, in das Sie die Netzwerk-SSID, den Sicherheitsschlüssel (Verschlüsselung) und das Passwort für den Router eingeben müssen.

4.2.2 Das Web durchsuchen

Der Internetzugang ermöglicht nun die Nutzung des World Wide Web, den Zugang zu Ihrem Online-Speicher, dem Web-Mail usw.

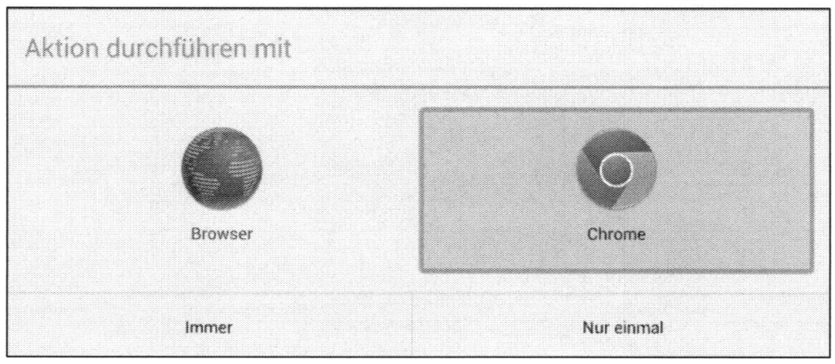

Auf dem Tablet, das unserer Übung zu Grunde liegt, ist *Google Chrome* (unter Android) als Browser installiert und kann alternativ zum IE-Browser verwendet werden. Die Darstellung über Chrome ist ressourcensparend und kann für die aktuelle Suche (**NUR EINMAL**) oder für alle (**IMMER**) Suchaktionen verwendet werden.

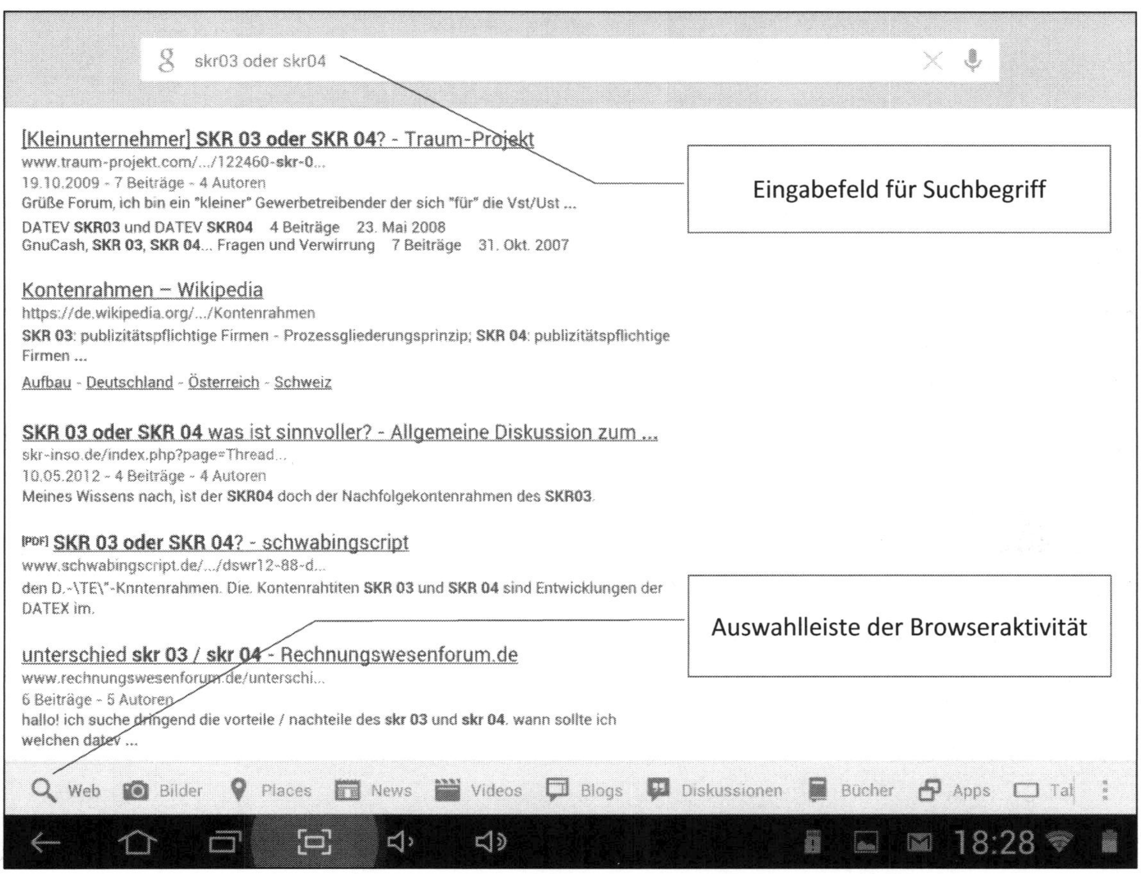

4.2.3 E-Mails senden und empfangen

Das Google-Konto bietet automatisch auch ein Postfach bei *Gmail* an. Google-Mail stellt eine zentrale Funktion in der Google-Welt und unter Android dar und verwaltet neben den E-Mails auch Ihre Systeminformationen, Kontakte, Chats und vieles mehr. *Gmail* ist fester Bestand von Android, bietet viele praktische Funktionen, ist überall verfügbar, und stellt kostenlosen Speicherplatz zur Verfügung.

Die App für Google-Mail ist auf allen Android-Geräten bereits vorinstalliert. Sobald Sie bei der Ersteinrichtung Ihres Geräts die Verknüpfung zu Ihrem Google-Konto erstellen, wird automatisch auch das Mailkonto konfiguriert. Es steht dann sofort auf Ihrem Tablet zur Verfügung.

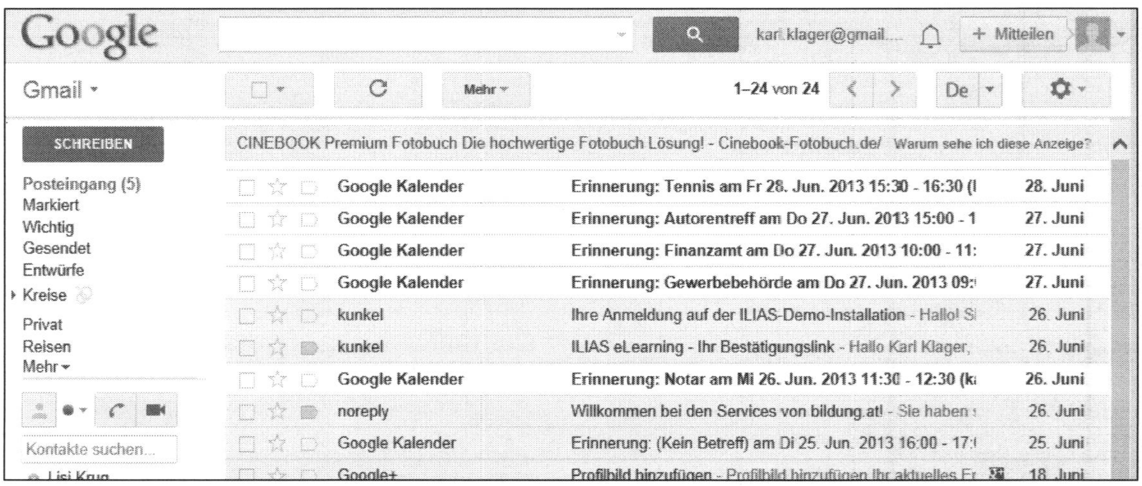

4.2.4 Einen Termin im Kalender eintragen, bearbeiten, entfernen

Zu jedem Google-Konto gehört auch ein Kalender. Damit lassen sich die eigenen Termine zentral speichern und verwalten. Für die Terminverwaltung ist das eine echte Unterstützung, da die Daten, egal mit welchem Gerät diese eingegeben werden, laufend synchronisiert werden. So hat man jederzeit und von überall darauf Zugriff – vorausgesetzt, man hat einen Internetzugang.

Die Anmeldung beim Kalender erfolgt – wie auch bei der E-Mail-Bearbeitung – über eine Anmeldeseite. Wenn Sie der einzige User an diesem Gerät sind, so können Sie die Einstellung **ANGEMELDET BLEIBEN** aktivieren. In diesem Fall sind Sie bereits beim Einschalten des Gerätes mit dem Kalender verbunden.

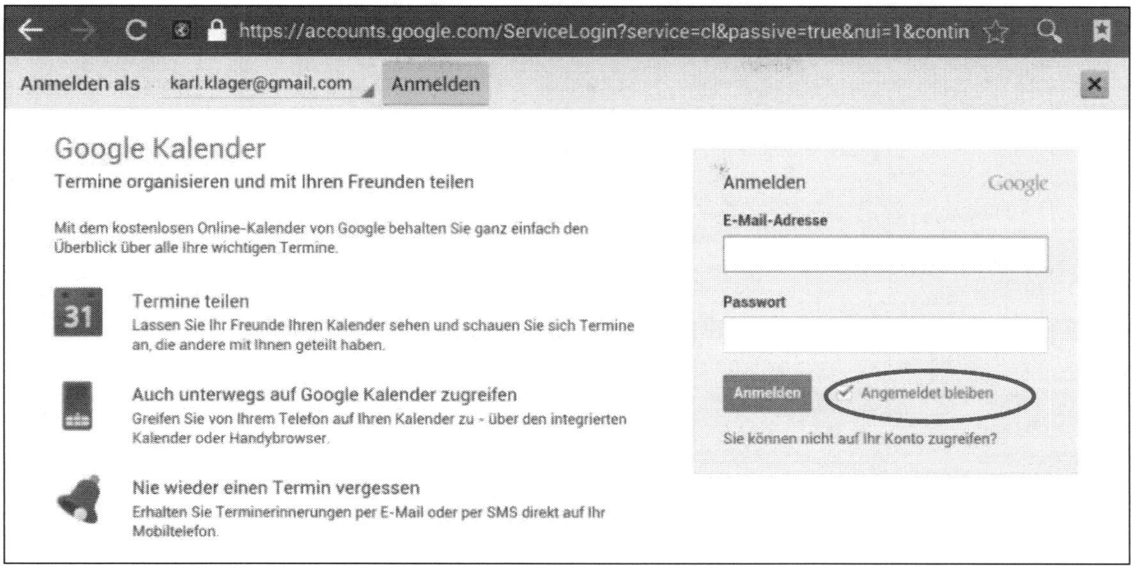

Neue Termine anlegen

Um neue Termine im Kalender anzulegen,

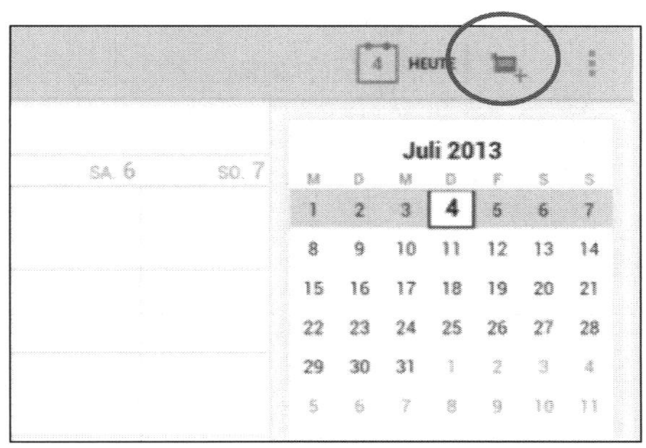

1. tippen Sie (hier: im Aufruf über Tablet) oben rechts auf das Plussymbol (**Hinzufügen**). Dadurch öffnet sich eine neue Seite, die Ihnen ein Erstellungsformular für diesen Termin anbietet.
2. Geben Sie dort nun einen Titel, Von und Bis sowie eine Beschreibung und einen Ort an. Alle anderen Angaben wie Wiederholung, Erinnerung, Gäste etc. wurden bereits in Punkt 3.2, ab Seite 41 beschrieben.

3. Zuletzt tippen Sie oben rechts auf die Schaltfläche **Speichern** oder **Fertig**, um den neuen Termin zu speichern. Er wird sofort im Kalender angezeigt.

Am Termin Änderungen vornehmen

Über die Schaltfläche **Bearbeiten** können Sie den Termin nachträglich ergänzen oder korrigieren, die Schaltfläche **Löschen** entfernt den Termin aus dem Kalender.

Wenn Sie mehrere Kalender führen (Geschäftlich, Privat, Geburtstage usw.), dann achten Sie darauf, dass die Eintragung im richtigen Kalender erfolgt.

Die Nutzung des Kalenders auf einem PC oder Laptop ist im Punkt 3.2, ab Seite 41 beschrieben.

4.2.5 Bilder und Videos mit anderen über E-Mail, Messaging/Chat, Social Media, Bluetooth teilen

Social Media

Social Media, also Geräte und Software, die zum Austausch von Informationen dienen, stützen sich ausschließlich auf digital-basierte Kommunikationskanäle und Anwendungen. Sie bauen auf geringe Eintrittsbarrieren (zB geringe Kosten, einfache Handhabung, Überbrückung gesellschaftlicher Strukturen – *du* statt *Sie*) und einfache Werkzeuge für die Veröffentlichung von Inhalten jeder Art.

Der Begriff *Teilen* hat sich in der Kommunikation der Informationstechnologie derart verbreitet, dass er Bestandteil jedes Betriebssystems und vieler Anwendungsprogramme geworden ist.

Teilen bedeutet so viel wie Bilder, Dokumente, Kalendertermine – schlicht alle Informationen an andere zu senden (verteilen) oder jemandem mitzuteilen.

Soziale Netzwerke auf der einen Seite, verschiedene Betriebssysteme auf der anderen verwenden Features für gleiche Zwecke, jedoch mit (manchmal nur ganz kleinen) Unterschieden.

Beispiele für Teilen

- Im Punkt 3.3.5 (Seite 51) wird der Vorgang des Teilens bei *Facebook* beschrieben.
- Der Anhang einer E-Mail, egal ob es sich um ein Dokument, ein Bild oder eine Musikdatei handelt, kann gleich aus der E-Mail heraus geteilt werden. Es ist daher nicht notwendig, diese Datei erst herunter zu laden, danach zu speichern und dann erst mittels neuerlicher E-Mail an einen neuen Empfänger weiter zu leiten. Nachstehende Abbildung zeigt den Posteingang eines Gmail-Kontos mit dem Angebot, dieses Bild zu teilen.

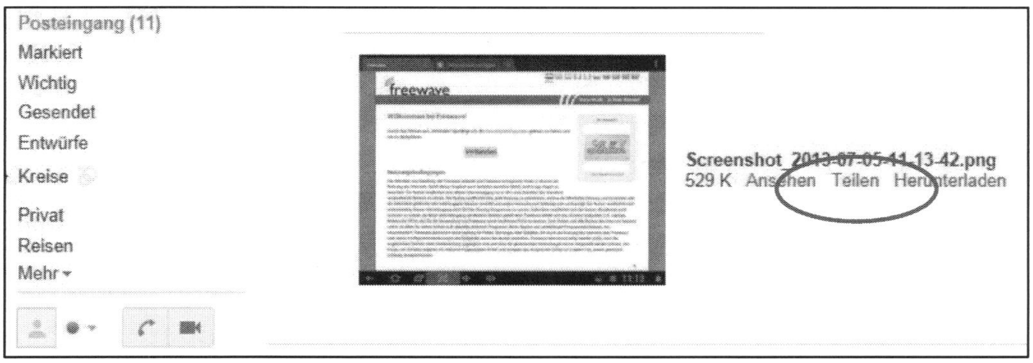

- In *Windows 8.1* wird mit der App *Foto* ein Bild ausgewählt und mittels **Teilen** weitergeleitet. Dazu wird die *Charms-Leiste* (Maus auf die rechte untere Ecke des Bildschirms positionieren) geöffnet und darin die Schaltfläche **Teilen** aktiviert.

Danach kann über **Mail** das Bild weitergegeben werden.

- Sofern der Computer bluetooth-fähig ist (siehe Punkt 4.1.3, Seite 69) können Daten auch per *Bluetooth* versendet werden. Aktivieren Sie dazu das Bluetooth-Gerät (am Windows-Desktop in der *Taskleiste*) und wählen Sie darin **DATEI SENDEN**. Die Datei (Bild) wird danach auf das Smartphone übertragen.

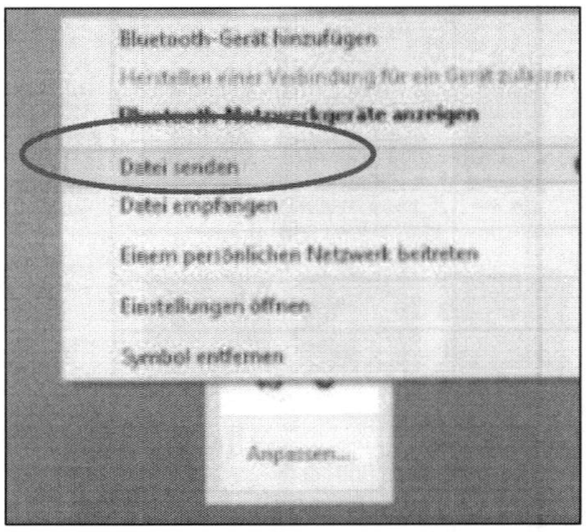

4.3 Anwendungen

Über das Internet können fast zu jedem Thema Informationen, Bilder, Lernvideos, ganze Kinofilme abgerufen werden. Dazu pflegt man Kontakt zu Freunden, Arbeitskollegen, entfernt wohnenden Familienangehörigen oder nutzt die Computer und Smartphones für Spiele. Solche Programme werden von vielen Unternehmen aus unterschiedlichen Bereichen angeboten.

4.3.1 Gängige Anwendungen kennen, für: Nachrichten/News, Social Media, Office-Bereich, Kartendienste (maps), Spiele, E-Books

Es mag einseitig klingen, wenn dieses Thema immer wieder über das Angebot von Google besprochen wird. Schließlich sind Apple, Microsoft, Sony, Warner Bros, MGM, Play Station, Yahoo, Twitter oder Flickr ja auch noch am Markt und sind in der Technik manchmal sogar um einen Schritt weiter. Für unseren Bedarf sollen jedoch die Inhalte über eine möglichst gleiche Bedienungsebene beschrieben werden und sowohl auf einem Stand-PC als auch auf mobilen Geräten geübt und getestet werden können. Da bietet sich nun einmal das Angebot von Google an.

Auf der Homepage von *Google* sind in der *Aktionsleiste* die wichtigsten Einzelprogramme angeführt. **SUCHE** und **BILDER** sind uns geläufig, **DRIVE**, **GMAIL**, **KALENDER** wurden bereits besprochen.

Google+ (Google Plus)

Google+ ist ein soziales Netzwerk von Google Inc. Es ist seit 2013 das weltweit zweitgrößte soziale Netzwerk. Google selbst beschreibt das Produkt als eine „soziale Schicht", die bestehende Produkte zusammenfasst bzw. erweitert. Damit unterscheidet es sich von den meisten anderen sozialen Netzwerken, deren Zugang sich auf eine einzige Website beschränkt.

Auf einem PC oder Laptop unter Windows klicken Sie auf der Google-Homepage auf die Applikation **+ICH** in der *Aktionsleiste*.

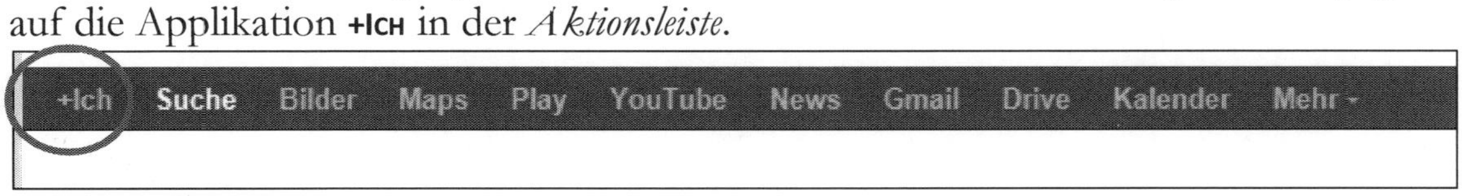

Wenn man sich bei Google registriert hat und sich bei seinem Konto anmeldet, so erscheint an dieser Stelle **+NAME**.

Der Einstieg erfolgt je nach Hardware und des darauf laufenden Betriebssystems. Am Android-Tablet bietet sich nachstehende Seite:

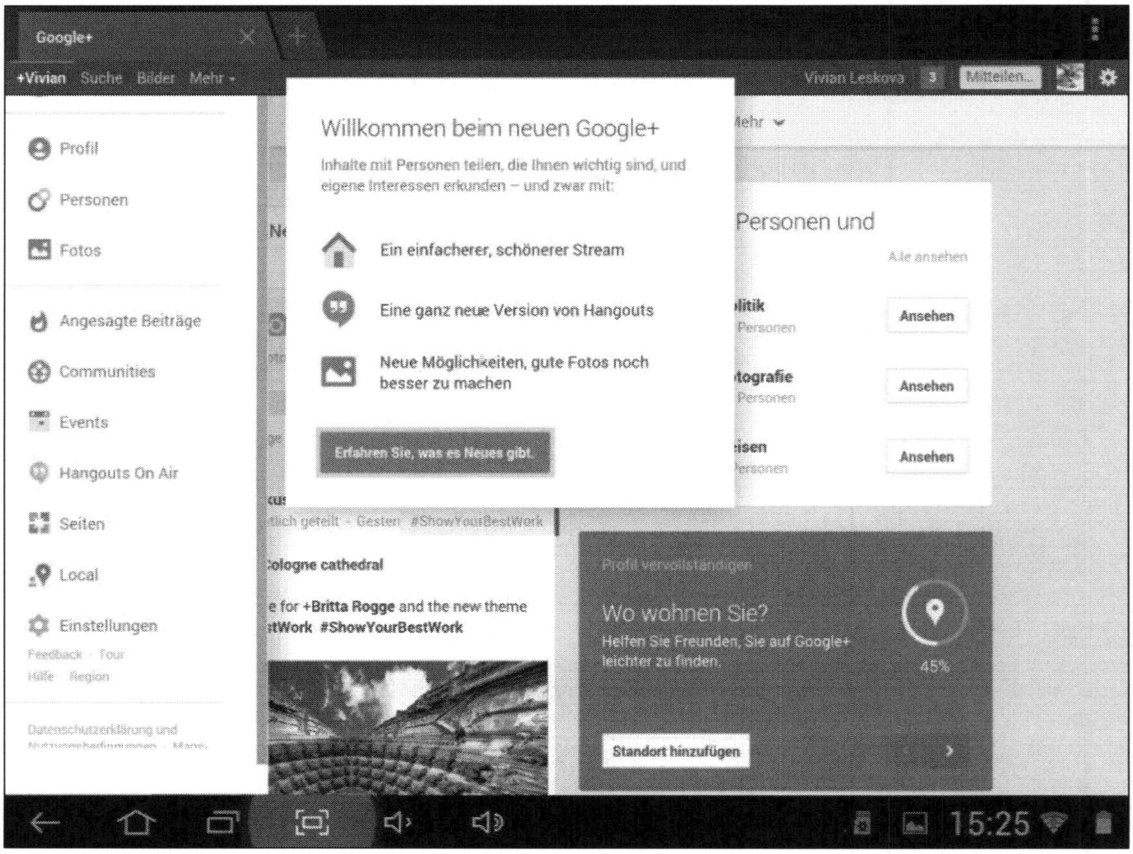

Es gibt aber noch eine Reihe weiterer Anwendungen, die über diese Plattform angeboten werden.

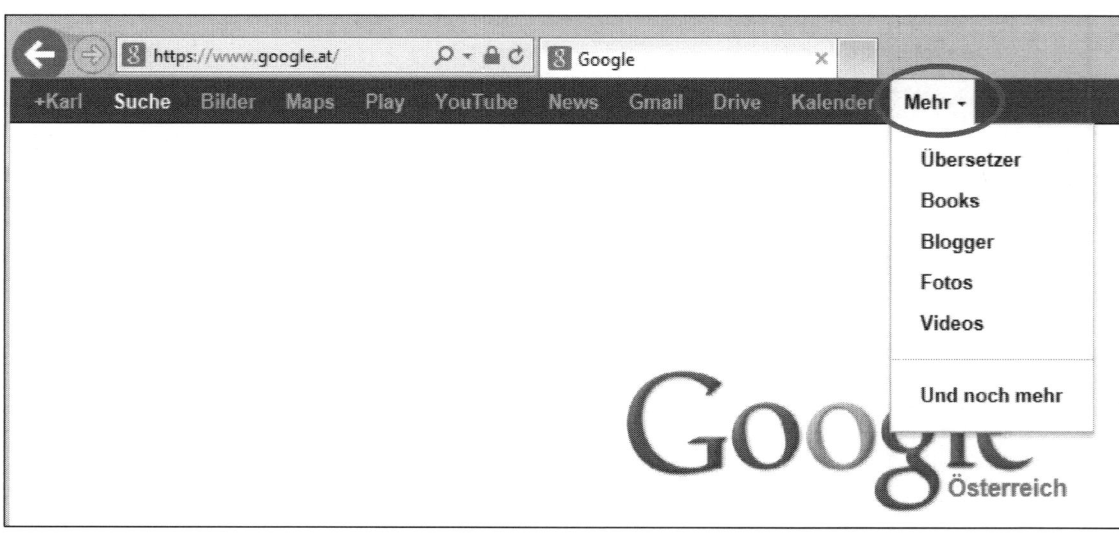

Übung

Sie erhalten über Ihr Google-Konto Zugang zu den Angeboten. Loggen Sie sich bei den verschiedenen Themen ein und lernen Sie die Möglichkeinen kennen.

E-Book:

Bücher in digitaler Form, die auf E-Book-Readern oder mit spezieller Software auf Personal Computern, Tablet-Computern oder Smartphones gelesen werden können.

Hardware:

- Kindle ist eine Produktserie von E-Book-Readern von Amazon.
- Sony-Reader ist ein Lesegerät für von Sony.
- Bookeen, Tolino: diese Reader werden bei Thalia angeboten.

Software für PC, Tablet oder iPhone:

- Calibre, Adobe Digital Editions
- Verschiedene Apps für iOS, Android und Windows

Nachrichten (News):

Fast jede Tageszeitung und jedes periodisch erscheinende Printmedium ist im Internet mit einer Website präsent. Die Seiten beinhalten meist die Schlagzeilen und eine verkürzte Fassung der jeweiligen gedruckten Ausgabe. News können auch in den Webseiten der Fernsehanstalten abgerufen werden.

Für die **News**-Suche durchsucht Google hunderte aktuelle Nachrichtenseiten im Internet. Tragen Sie einfach den Begriff in das Eingabefeld ein und klicken Sie dann auf **News**.

Soziale Medien:

Man darf die Sozialen Medien keineswegs nur auf Facebook, Google Plus oder Twitter einschränken. Die Idee, Interessensgruppen eine Diskussions- und Informationsbasis zu geben, ist weitverbreitet. Besonders begehrt sind dabei Foren für Spezialthemen im Gesundheitswesen. Im Falle eines sich verschlechternden Gesundheitszustandes tut es gut, mit Personen Kontakt zu finden, die ähnliches bereits erlebt haben.

Foren können auch zur Wissenserweiterung, Problemlösung oder zur Bereicherung des Hobbys beitragen. Die Angebote an einem Forum teilzunehmen oder ein neues zu gestalten, kommen von verschiedenen Unternehmen oder Organisationen.

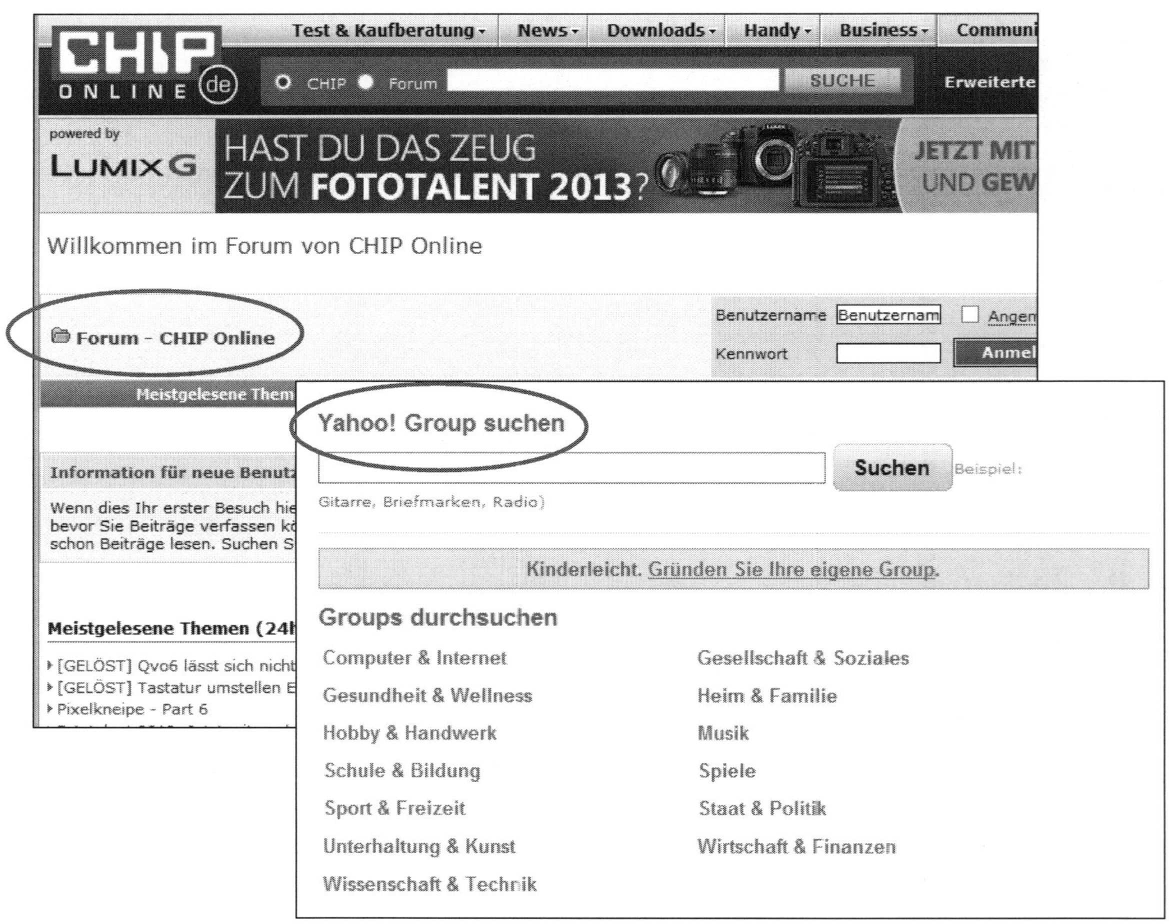

Übung

Suchen Sie ein Forum, dem Sie beitreten möchten, um Informationen (beispielsweise über die Sicherheit im Internet) einzuholen.

Maps:

Die Suche im Web ist längst nicht alles, was Suchmaschinen beherrschen. So verfügen Google, aber auch die anderen Suchmaschinen meist noch über weitere nützliche Suchfunktionen.

Über den Bereich **Maps** können Sie sich zB Kartenmaterial anzeigen lassen oder einen Routenplaner nutzen. So kann sich ein Fußballfan aus Landeck den Weg zum Stadion von Cashpoint SCR Altach zeigen lassen.

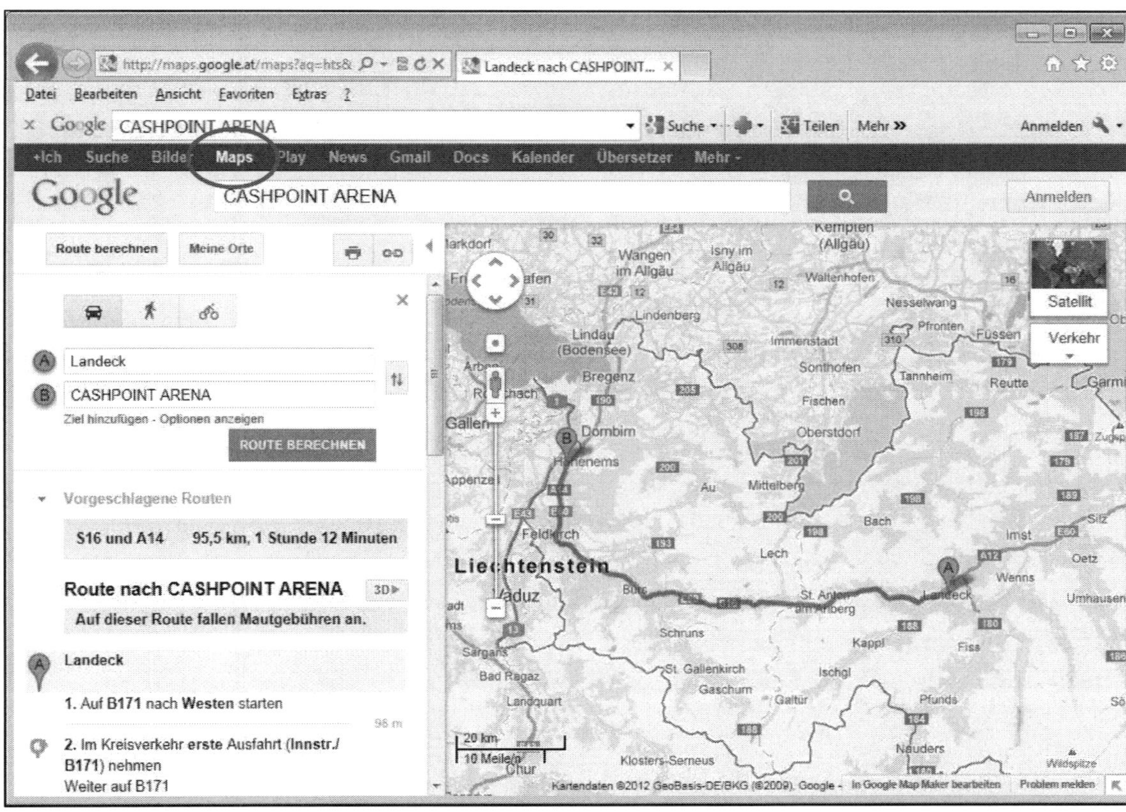

Spiele:

Was wäre ein Computer oder ein Handy, wenn darauf nicht auch Spiele installiert sind. Richtig Spaß machen Spiele aber erst, wenn man einen Gegner im Spiel „bekämpfen“ und besiegen kann. Online-Spiele drängen sich da förmlich auf. Man kann sich Partner verschiedener Spielstärke suchen, gegen mehrere Gegner antreten und sogar an ganzen Turnieren teilnehmen.

Der Zugang zu Online-Spielen erfordert eine Registrierung.

Nicht alle angebotenen Spiele sind auch für alle Personengruppen (Altersgruppen) geeignet. Leider wird hier noch zu wenig auf Zugangsbeschränkungen für Kinder und Jugendliche geachtet. Es empfiehlt sich daher, die in den Betriebssystemen und Browsern angebotenen Jugendschutzbeschränkungen zu aktivieren.

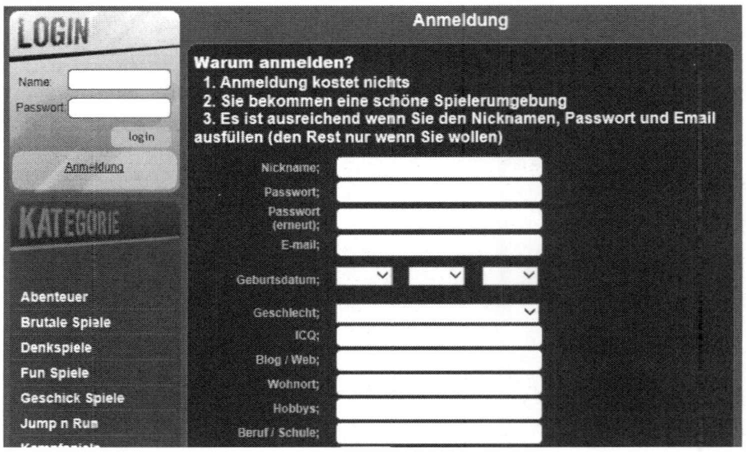

4.3.2 Verstehen, dass Apps (Anwendungen) bei App-Stores (Internet-Verkaufsportale für Apps) erhältlich sind. Gängige App-Stores für mobile Geräte kennen

Anwendungssoftware, kurz Anwendung oder Applikation (App), ist ein ausführbares Programm, das genutzt wird, um eine nützliche oder gewünschte nicht systemtechnische Funktionalität zu bearbeiten oder zu unterstützen, das heißt „zur Lösung von Benutzerproblemen". Beispiele für Anwendungsgebiete sind: Bildbearbeitung, Videobearbeitung, Textverarbeitung, Tabellenkalkulation, Computerspiele, bestimmte betriebliche Funktionen wie Finanzbuchhaltung, Warenausgang etc.

Dabei ist der Begriff keineswegs auf Programme für mobile Geräte beschränkt, also Smartphones und Tablets, sondern auch teilweise für Desktop-Anwendungssoftware. So sind viele Programme beim Betriebssystem Microsoft Windows 8 (Windows-Apps), sowohl für Desktop-PCs als auch Tablets konzipiert.

Eine besondere Form von Anwendungssoftware sind Webanwendungen. Auf diese wird vom Arbeitsplatzrechner oder Mobilgerät über einen Webbrowser zugegriffen und sie laufen im Browser ab.

Der Vertrieb von Apps erfolgt in den meisten Fällen als Angebot in den Betriebssystemen selbst oder über die Unternehmen, die damit ihre Leistungen kundengerecht zur Nutzung anbieten.

Apps-Angebot einer Bank

Wie viele Dienstleister bietet die Erste-Bank ein App für den direkten Zugang zum Netbanking ihres Institutes an.

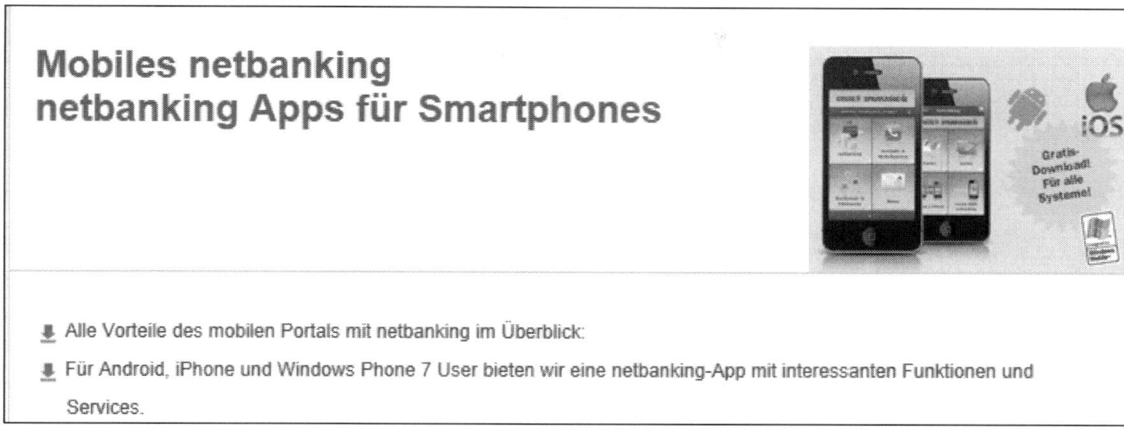

Apps-Angebot der ÖBB

Apple

Die im App Store (http://www.app-store.de/) angebotenen Programme stammen zu einem großen Teil nicht von Apple selbst, sondern von Drittfirmen und freien Programmierern.

Nach der Installation könnte das iPhone etwa so aussehen:

Google Play

Öffnen Sie in der *Aktionsleiste* über den Link **PLAY** die Auswahlliste der Android-Apps.

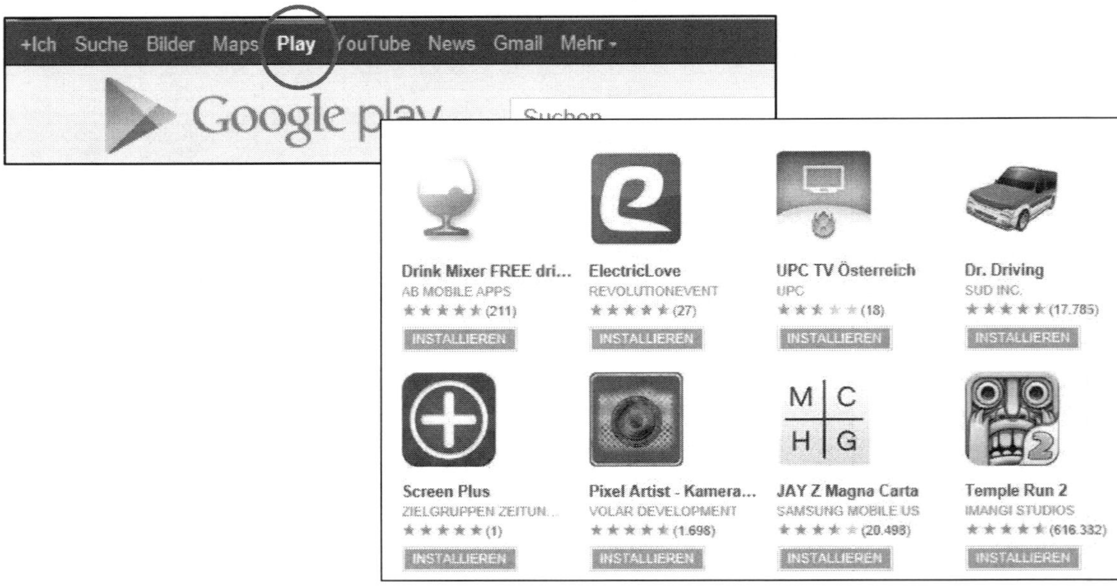

App-Shopping in Windows 8

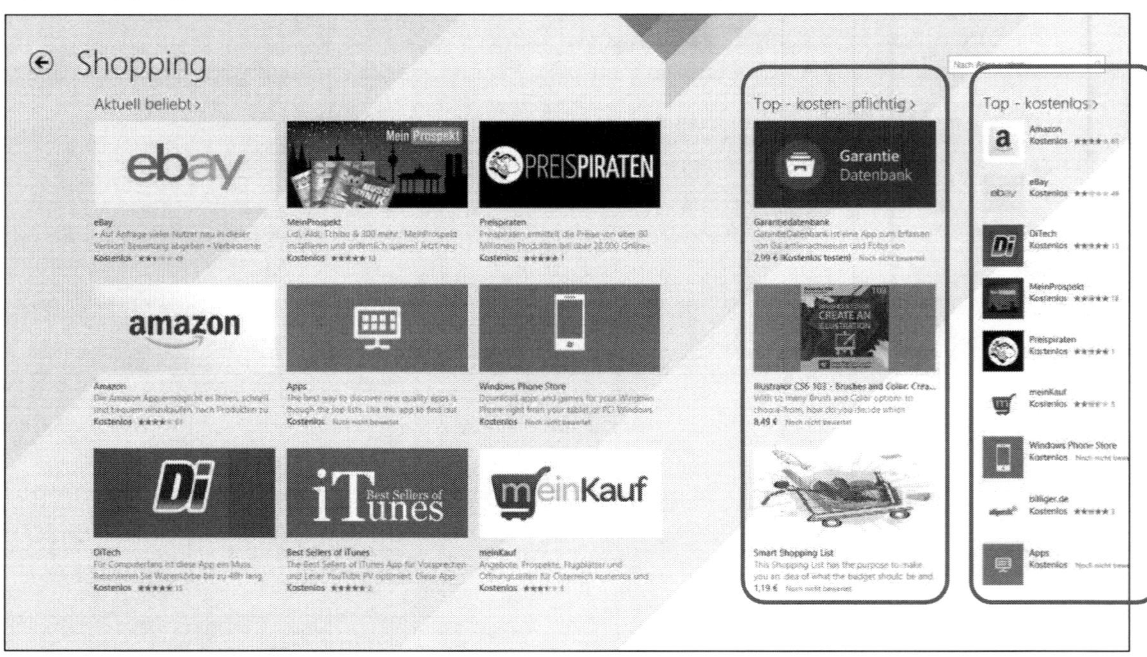

4.3.3 Nach einer App für ein mobiles Gerät in einem App-Store suchen. Wissen und beachten, dass mit dem Erwerb einer App Einkaufskosten und Nutzungskosten verbunden sein können

Apps dienen vorrangig dem raschen Zugang zur Informationseinholung, die gleich mit der Umsetzung einer Aktion verbunden ist. Das Buchen einer Bahnkarte soll in der gleichen Bedieneroberfläche erfolgen, wie man es auf seinem Gerät (egal ob Smartphone oder PC) bei der Erstellung einer E-Mail gewohnt ist. Es liegt daher im Interesse des Anbieters, diese Apps kostenlos oder nur zu einem geringen Kostenanteil zur Verfügung zu stellen. In den verschiedenen App-Shops werden daher kostenfreie und kostenpflichtige Programme in eigenen Gruppen zusammengefasst und angeboten.

4.3.4 Eine Anwendung auf einem mobilen Gerät installieren, deinstallieren

Übung A:

Installieren Sie auf dem von Ihnen verwendeten Gerät ein kostenloses App. Beachten Sie dabei gegebenenfalls angeführte Nutzungsbedingungen und Hinweise auf Sicherheitsrisiken.

Übung B:

Löschen Sie die zuvor erstellte App.

Verwenden Sie dazu vorgegebene Deinstallationsroutinen. Entfernen Sie eventuell noch bestehende Links auf Ihrem Desktop oder Homescreen.

4.3.5 Eine Anwendung auf einem mobilen Gerät aktualisieren

Programme werden laufend erweitert, verbessert oder bekommen weitere Sicherheitseinstellungen verpasst. Diese Aktualisierungen werden von den Herausgebern der Applikationen automatisch an die Nutzer mitgeteilt. Auf dem Monitor erscheint die entsprechende Meldung, ergänzt mit einer Aktivierungsbestätigung (Aktivierungsbutton).

Vorsicht:

Aktualisierungsaufforderungen werden sehr häufig auch von Hackern verwendet, um in Ihr System einzudringen. Überzeugen Sie sich daher immer, ob die Information tatsächlich echt ist oder Sie damit nur um Benutzerinformationen (Kennwort, Bankkontonummer, TAN etc.) abgefragt werden.

4.3.6 Eine Anwendung auf einem mobilen Gerät verwenden für: Kommunikation über Sprache oder Video, Social Media, Kartendienste

Übung:

1. Kontaktieren Sie auf Ihrem mobilen Gerät Freunde oder Verwandte auf den unterschiedlichen Diensten. Verwenden Sie dabei auch eine Kamera.

- VoIP (zB *Skype*, siehe Punkt 2.2.1, ab Seite 23)
- Chat oder Instant Messeging: Neben der Nutzung über Ihre Social-Media-Applikation können Sie auch ein Programm eines Internetportals (zB http://de.messenger.yahoo.com) probieren.

2. Suchen Sie die beste Straßenführung für die Verbindung Bad Ischl nach Bad Mitterndorf.

- Stellen Sie fest, wie lange die Strecke ist.
- Ändern Sie die Route so, dass Sie auch Hallstatt besuchen können und vergleichen Sie die zu fahrenden Kilometer.

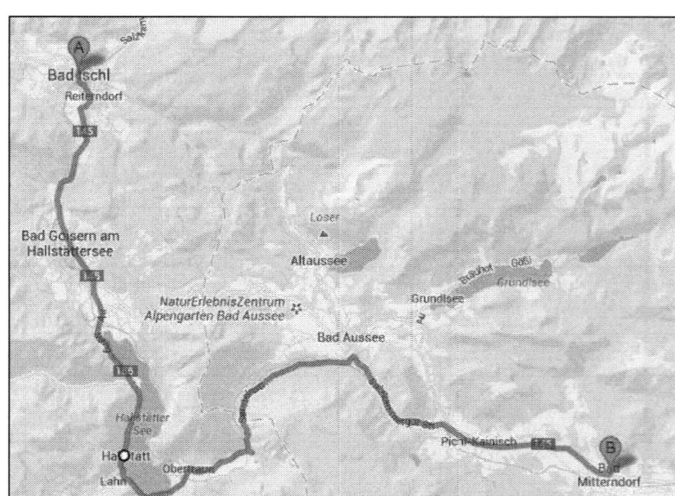

4.4 Synchronisieren

iTunes ist ein Multimedia-Verwaltungsprogramm von Apple zum Abspielen, Konvertieren, Brennen, Organisieren und Kaufen von Musik, Hörbüchern, Podcasts, Filmen, iPod-, iPhone- und iPad-Apps. Es kann die Inhalte angeschlossener iPods, iPads und iPhones verwalten. iTunes wird aktuell für die Plattformen Mac OS X, Windows XP, Windows Vista, Windows 7 und Windows 8 weiterentwickelt. Für Mac OS 9 und Windows 2000 sind ältere Versionen erhältlich, die aber Geräte wie zB das iPhone 3G nicht mehr unterstützen.

Die Software iTunes war auch Bestandteil des iLife-Pakets, welches iPhoto, iDVD, iMovie, iWeb und GarageBand beinhaltet, und wird nun unabhängig davon kostenlos angeboten.

4.4.1 Sinn und Zweck des Synchronisierens verstehen

Erst wenn die Daten, die auf verschiedenen Medien oder Datenträgern gespeichert sind, miteinander verbunden, aufeinander abgestimmt und gleichwertige Daten miteinander synchron sind, kommt der Effekt eines vernetzten Informationssystems voll zur Geltung. Was hilft es, wenn am Telefon ein Termin vereinbart wird, der in der zentralen Terminverwaltung nicht vermerkt wird, was hilft es, wenn in der Präsentation bei einem Kunden die letzte Produktverbesserung nicht eingearbeitet ist weil eine „alte" PowerPoint-Präsentation verwendet wird?

Inhalte, die gemeinsam bearbeitet werden, müssen auf den verschiedenen Geräten aufeinander abgestimmt und übertragen werden. Dieser Vorgang – Synchronisation – wird durch verschiedene Tools unterstützt. Diese sind meist in den Betriebssystemen oder im verwendeten Cloud-Programm integriert, können aber auch über eigene Fremdprogramme gesteuert werden.

4.4.2 Einstellungen zum Synchronisieren vornehmen

Datenabstimmung kann zwischen Rechnern eines Netzwerkes auf direktem Wege erfolgen oder die Daten werden über die Cloud-Speicher miteinander abgestimmt.

Synchronisation bei Mac & Co

Bevor die Synchronisierung eingerichtet wird sollte die letztgültige Version von iTunes installiert sein. Bei jedem Synchronisierungsvorgang werden Inhalte zwischen dem iOS-Gerät und dem Computer synchronisiert, damit auf beiden Geräten neue, aktualisierte oder gelöschte Inhalte entsprechend angepasst werden.

USB-Synchronisierung

1. Öffnen Sie iTunes.
2. Verbinden Sie das iOS-Gerät mit Hilfe eines USB-Kabels mit Ihrem Computer, und wählen Sie es in iTunes auf der linken Seite unter **GERÄTE** aus.
3. Die unterschiedlichen Inhaltstypen können in den einzelnen Tabs konfiguriert werden.
4. Klicken Sie unten rechts im Fenster auf **ANWENDEN**, um die Inhalte zu synchronisieren.

WLAN-Synchronisierung

1. Öffnen Sie iTunes.
2. Verbinden Sie zur Einrichtung der WLAN-Synchronisierung das iOS-Gerät zunächst per USB-Kabel mit Ihrem Computer. Wählen Sie auf der linken Seite unter **GERÄTE** Ihr Gerät aus.
3. Wählen Sie im Tab **ÜBERSICHT** die Option **MIT DIESEM [GERÄT] ÜBER WLAN SYNCHRONISIEREN.** wenn Computer und iOS-Gerät sich im selben Netzwerk befinden, wird das iOS-Gerät in iTunes angezeigt und kann synchronisiert werden. Das iOS-Gerät wird automatisch synchronisiert

Google-Konto

Bei der Ersteinrichtung wurde Ihr mobiles Gerät unter Android automatisch mit Ihrem Google-Konto verknüpft. Dadurch tauscht das Android-System regelmäßig Informationen mit den Google-Servern aus und synchronisiert dabei Ihre Inhalte. Das sind zB Ihre E-Mails, Termine, Bilder, E-Books, Apps etc. Dabei schließt Android automatisch *alle* von Ihnen verwendeten Google-Dienste mit ein. Sie können sich in den Grundeinstellungen von Android genau anzeigen lassen, welche Dienste dabei abgeglichen werden und wann dies zuletzt stattfand.

Falls Sie einen der Google-Dienste aus irgendeinem Grund nicht synchronisieren möchten, lassen sich diese auch einzeln ab- bzw. anwählen.

Schrittfolge

Wählen Sie in **EINSTELLUNGEN** Ihres Gerätes (im vorliegenden Beispiel das Tablet) die Gruppe **KONTEN & SYNCHRONISIERUNG** aus.

1. Im oberen Bereich des Fensters legen Sie fest, ob Sie **AUTOMATISCH SYNCHRONISIEREN** wollen und ob die Anwendungen das *jederzeit im Hintergrund* tun soll.
2. Im unteren Bereich tippen Sie nun auf Ihr Google-Konto, um in die Detaileinstellungen zu gelangen.
3. Jetzt erhalten Sie eine Liste mit allen Daten und Diensten, die mit diesem Konto verknüpft sind:
    a. Unter jedem Eintrag finden Sie das *Datum* und die *Uhrzeit* des letzten Abgleichs.
    b. Besitzt der Eintrag rechts einen **GRÜNEN HAKEN**, wird er automatisch synchronisiert.

c. Entfernen Sie den Haken für einen Dienst, wird er *nicht* mehr automatisch synchronisiert.

Möchten Sie jetzt eine manuelle Synchronisation durchführen, betätigen Sie oben rechts die Schaltfläche mit den zwei gedrehten Pfeilen. Dadurch werden die Daten sofort abgeglichen.

...und in Windows 8

Wenn ein Windows 8-User seine Anmeldung am Computer über ein *Microsoft-*Konto durchführt – die Alternative ist ein Benutzer, der nur ein *Windows-Benutzer-*Konto hat – so werden die Informationen zwischen allen PCs synchronisiert auf denen ebenfalls Windows 8 oder Windows RT ausgeführt wird. Der Grund liegt darin, dass mit Anmeldung mit einem Microsoft-Konto der Rechner mit der Cloud verbunden wird. Dort werden viele persönliche Einstellungen am Microsoft-Server gespeichert und können dadurch mit allen Geräten synchronisiert werden, bei denen dieser User angemeldet ist. Das betrifft

- im Betriebssystem die gewählte Farben, Designs, Spracheinstellungen, Browserverlauf und Favoriten sowie Windows Store-App-Einstellungen
- im SkyDrive die Fotos, Dokumente und andere Dateien
- für Facebook, Flickr und anderen Diensten, für die eine Freigabe erteilt wurde.

Auswählen der zu synchronisierenden Einstellungen

Um persönliche Einstellungen vor dem Zugriff durch andere Benutzer zu schützen, kann die Synchronisierung für alle oder für bestimmte Einstellungen deaktiviert werden.

Die Bedienung der Oberfläche und der Schalter für die Einstellungen sind intuitiv leicht erlernbar, zumal auch Microsoft sich bei der Oberflächengestaltung sehr an iOS und Android angelehnt hat.

4.4.3 Mobile Geräte mit Mail-Programmen, Kalendern oder anderen Geräten synchronisieren

Bei der Ersteinrichtung wurde am Tablet oder Smartphone das Google-Konto eingerichtet. Damit ist dieses Gerät automatisch mit dem Google-Konto verknüpft. Das Android-System tauscht nun regelmäßig Informationen mit den Google-Servern aus und synchronisiert dabei die Inhalte. Das sind zB E-Mails, Termine,

Bilder, E-Books, Apps etc. Android schließt dabei automatisch alle vom User verwendeten Google-Dienste ein.

Eine manuelle Synchronisation ist ebenfalls möglich. Und falls ein Google-Dienst aus irgendeinem Grund nicht synchronisiert werden soll, lässt sich dieser Dienst auch einzeln ab- bzw. wieder anwählen.

Gehen Sie hierzu in die **Einstellungen** Ihres Tablets und wählen Sie dort unter **Konten** die gewünschte Verbindung (Google) zur Synchronisierung aus.

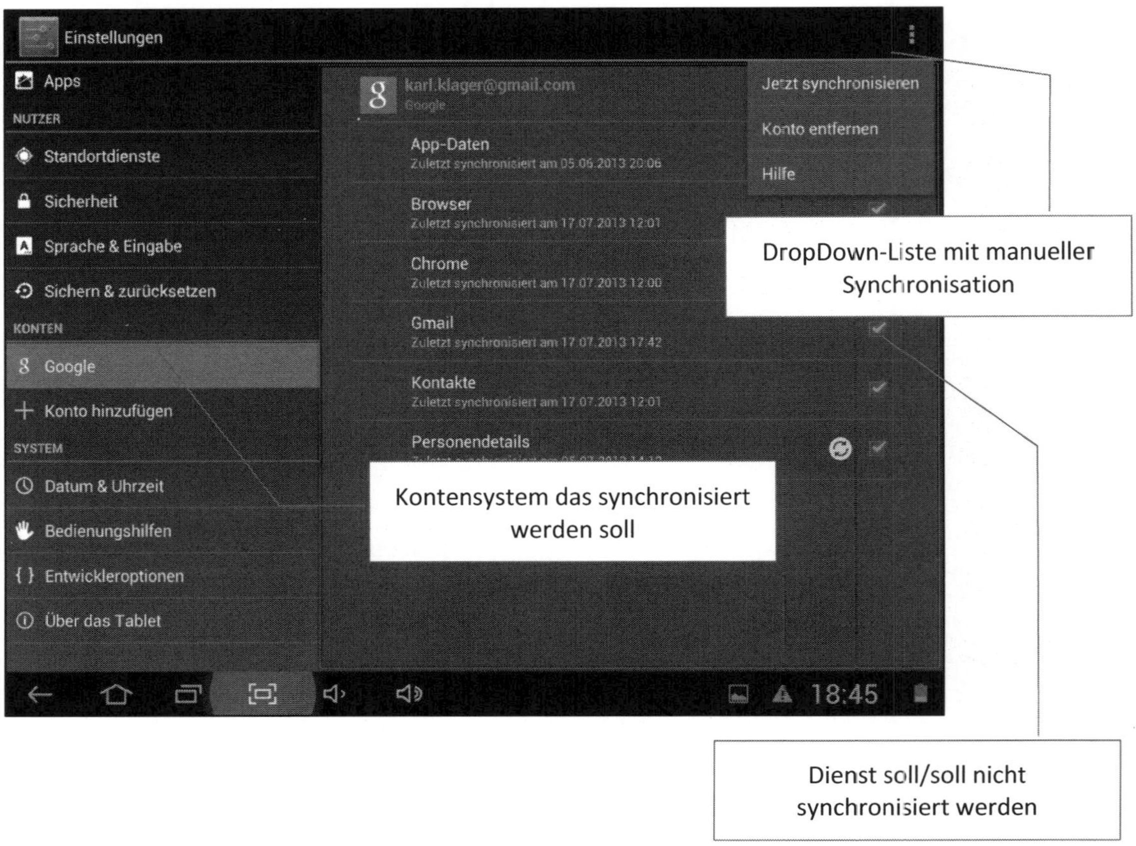

Glossar

Adware (Kunstwort aus ***Ad**vertisement* (Werbung) und *Soft**ware***) werbeunterstützende Software die Pop-up Anzeigen aufspielt, wenn ein Programm geöffnet ist. Adware Software ist gewöhnlich erhältlich über kostenlose Downloads aus dem Internet.

ADSL *(**A**symmetric **D**igital **S**ubscriber **L**ine)* Hochgeschwindigkeits-Internetzugang (digitaler Breitbandzugang) über das Telefonnetz.

Angriff Vorsätzliche Form der Gefährdung; eine unerwünschte oder unberechtigte Handlung mit dem Ziel, sich Vorteile zu verschaffen bzw. einen Dritten zu schädigen.

Antivirenprogramm (auch **Virenscanner** genannt, Abkürzung: AV) Software, die bekannte Computerviren, Würmer und Trojanische Pferde aufspürt, blockiert und gegebenenfalls beseitigt.

Authentifizierung (*engl. „authentification“*) Zugangskontrolle mittels Benutzername (Username) und Passwort. Bei Windows Benutzerkonten, Internet-Seiten, die benutzerbezogene Dienste anbieten, wie zB Telebanking, Foren, Webmail, Community-Seiten, etc.

Authentizität Eigenschaft, die gewährleistet, dass ein Kommunikationspartner tatsächlich derjenige ist, der er vorgibt zu sein. Bei authentischen Informationen ist sichergestellt, dass sie von der angegebenen Quelle erstellt wurden. Der Begriff wird sowohl für die Identität von Personen als auch bei IT-Komponenten oder Anwendungen verwendet.

Autorisierung Dabei wird geprüft, ob eine Person, IT-Komponente oder Anwendung zur Durchführung einer bestimmten Aktion berechtigt ist.

Backdoor (Hintertür) Schadprogramme, die einen unbefugten Zugang zu einem IT-System offen halten, der einen unbemerkten Einbruch in das System ermöglicht.

Backup Sicherungskopie. Von wichtigen Daten sollte regelmäßig ein Backup erstellt werden.

Bedrohung (*engl. "threat"*) Ein Umstand oder Ereignis, der oder das die Verfügbarkeit, Integrität oder Vertraulichkeit von Informationen beeinträchtigen kann, wodurch dem Besitzer bzw. Benutzer der Informationen ein Schaden entstehen kann, zB höhere Gewalt, menschliche Fehlhandlungen, technisches Versagen oder vorsätzliche Handlungen.

Benutzerkennung (Benutzerkonto) Der Name, mit dem sich der Benutzer einem IT-System gegenüber identifiziert. Das kann der tatsächliche Name sein, ein Pseudonym, eine Abkürzung oder eine Kombination aus Buchstaben und/oder Ziffern.

BIA (***B**usiness **I**mpact **A**nalyse*) Analyse zur Ermittlung von potentiellen direkten und indirekten Folgeschäden für ein Unternehmen, die durch das Auftreten eines Fehlers oder des Ausfalls eines oder mehrerer Geschäftsprozesse verursacht werden.

Biometrie Automatisierte Erkennung von Personen anhand ihrer körperlichen Merkmale. Ein oder mehrere biometrische Merkmale können für eine Authentisierung verwendet werden, zB Fingerabdruck, Iris, Stimme, Handschrift.

Blended Learning (*engl."blended":* gemixt, zusammengemischt) Kombination von unterschiedlichen Methoden und Medien, etwa aus Präsenzunterricht und E-Learning.

Bot Namensursprung aus Robot (Arbeit). Computerprogramm, das selbstständig wiederholenden Arbeiten durchführt, ohne dabei auf einen Benutzereingriff angewiesen zu sein.

Brainstorming Kommunikationstechnik, bei der mehrere Personen nach bestimmten Regeln in einer Gruppe Lösungsalternativen sammeln.

Browser Programm, das die in HTML *(**H**yper **T**ext **M**arkup **L**anguage)* erstellen Inhalte einer Website am eigenen Bildschirm lesbar macht. Die bekanntesten Programme sind MS InternetExplorer, Mozilla Firefox, Opera.

Cache Speichersystem. Ein Zwischen- oder Pufferspeicher mit besonders raschem Zugriff. Durch die Verwendung eines Cache-Speichers lassen sich Programmabläufe beschleunigen.

Client (Kunde) Client ist jeder Computer, der von einem anderen Computer (Server) Daten oder Ressourcen nutzt.

Cloud-Computing bezeichnet das dynamisch an den Bedarf angepasste Anbieten, Nutzen und Abrechnen von IT-Dienstleistungen über ein Netz.

Community auch **Onlinecommunity** (Netzgemeinschaft) Eine Gemeinschaft von Menschen, die miteinander via Internet kommunizieren und Informationen austauschen.

Cookie Kurzer Eintrag (kleine Textdatei) in einem speziellen Dateiverzeichnis auf einem Computer, dient dem Austausch von Informationen zwischen Computerprogrammen.

Cracker Person, die ohne Erlaubnis in fremde Computersysteme eindringt. Zum Unterschied zu einem Hacker arbeiten Cracker aus egoistischen Motiven heraus, um aus fremden Rechnern Informationen heraus zu holen oder Programme zu kopieren.

Cyber-Bullying Rufschädigung (Bloßstellung, Diffamierung, Mobbing, Psychoterror) durch gezielte Verbreitung von falschen Aussagen oder Fotos und Videos im Internet, die das Opfer in schlechtem Licht erscheinen lassen. Auch direkte Belästigung des Opfers durch beispielsweise bedrohliche oder obszöne E-Mails (Cyberstalking/Harassment) sind eine Form des Cyber-Bullying.

Cybercrime (Netzkriminalität oder Computerkriminalität) Bezeichnung für Straftaten wie zB Wirtschaftskriminalität, bei denen der Computer und die damit getätigten Handlungen im Internet als gesetzeswidrig angesehen werden. Siehe auch **Netzkriminalität**

Datenschutz Datenschutzgesetze sollen den Missbrauch sensibler, personenbezogener Daten verhindern.

Datensicherheit Verhinderung des Datenverlusts, Datendiebstahls oder Manipulation durch technische Maßnahmen, zB Passwortschutz, Sicherungskopien.

Datensicherung (*engl. "backup"*) Zum Schutz vor Datenverlust werden Sicherungskopien von vorhandenen Datenbeständen erstellt. Sie umfasst alle technischen und organisatorischen Maßnahmen zur Sicherstellung der Verfügbarkeit, Integrität und Konsistenz der Systeme einschließlich der auf diesen Systemen gespeicherten und für Verarbeitungszwecke genutzten Daten, Programme und Prozeduren.

Denial of Service Angriff (**DoS**) Angriff, bei dem die Leistungen oder Ressourcen einer Organisation lahmgelegt werden sollen. Ziel ist nicht Daten zu gewinnen oder zu verändern, sondern das EDV-System so zu belasten, dass es zu Verzögerungen und Behinderungen im Arbeitsablauf kommt.

Dialer (Einwahlprogramm) Computerprogramme, mit denen über das Telefonnetz eine Wählverbindung zum Internet aufgebaut werden kann. Der Missbrauch besteht in der Gefahr, dass ungewollt und unbemerkt teure Datenmehrwertdienste angewählt werden, die zu hohen Kosten bei den Geschädigten führen.

Digitale Signatur Eine Kontrollinformation, die an eine Nachricht oder Datei angehängt wird, mit der festgestellt werden kann, wer diese Nachricht erzeugt hat und dass diese Daten identisch sind mit der Datei, die signiert wurde.

Diving Als Dumpster Diving steht dieser Begriff für das Ausforschen von persönlichen Daten einer Person durch Stöbern in deren Abfall. Darin finden sich Fotos, Briefe, alte Kreditkarten, Kontoauszüge, Kreditverträge usw. All diese Daten können für betrügerische Zwecke verwendet werden.

Download Herunterladen von Dateien - zB Musik, Videos oder Dokumente - aus dem Internet. Das reine Betrachten von Webseiten wird weniger als "Downloaden" bezeichnet, obwohl hier auch Dateien (HTML-Dateien, Bilder, Flash-Animationen, etc.) heruntergeladen werden. Das Gegenteil ist **Uploaden**.

Echtzeitkommunikation Nachrichten können zeitgleich geschrieben und gelesen werden. IM, Chat, VoIP, Videofunktionalität und weitere Tools für soziale Vernetzung

EFS *(**E**ncrypting **F**ile **S**ystem)* Windows-Feature, mit dem Daten in einem verschlüsselten Format auf der Festplatte gespeichert werden können. Die Verschlüsselung ist der stärkste Schutz, den Windows zur Sicherheit Ihrer Daten bietet.

Encryption (Verschlüsselung, Chiffrierung) dient der Datensicherheit

Exploit (*engl. "to exploit"*: ausnutzen) Kleines Schadprogramm, das Sicherheitslücken und Fehlfunktionen von Hilfs- oder Anwendungsprogrammen ausnutzt, um Möglichkeiten zur Manipulation von PC-Aktivitäten (Administratorenrechte usw.) zu verschaffen oder Internetserver lahmzulegen (siehe auch **DoS**-Angriff).

File Sharing bietet Anwendern die Möglichkeit, gemeinsam an Dateien zu arbeiten und Feedback zu erhalten. Die Dateien stehen allen beteiligten Personen permanent und aktuell zur Verfügung.

Firewall Software, die den Computer vor Zugriffen aus dem Internet (von Hackern/Crackern) und evtl. Datenklau oder Datenzerstörung schützt.

FireWire Spezielles Anschlussformat für bestimmte externe Geräte (Peripheriegeräte), die dieses Format unterstützen.

Firmware (*engl. "firm"*: fest) Software, die in elektronischen Geräten, zumeist als Flash-Speicher, eingebunden ist. Als Firmware bezeichnet man die Betriebssoftware dieser Geräte oder Komponenten (zB Festplatte, Drucker, Mobiltelefon) als auch die grundlegende Software eines Computers (zB das BIOS).

Grid-Computing ist ein Konzept, bei dem Rechenleistung und Speicherkapazitäten von verschiedene Rechnern nach Bedarf von anderen Anwendern abgerufen und genutzt werden können.

Grooming (*engl. "to groom"*: Fellpflege betreiben, putzen, striegeln) Methode, mit der vor allem Jugendliche angesprochen und umworben werden, um danach an ihnen Missbrauch zu treiben.

Hacker Jemand, der in fremde Computer eindringt. Die Motivation kann unterschiedlich sein: manchen Hackern geht es sicherlich nur um den Reiz, die Hürden überwinden zu können, um in ein System einzudringen (White-Hat-Hacker), andere versuchen, an wichtige Daten zB Kreditkarteninformationen heranzukommen (Black-Hat-Hacker).

https *(hyper text transfer protocol secure)* Das https-Protokoll wird verwendet, wenn Daten besonders sicher übertragen werden sollen. Zu diesem Zweck werden die Daten verschlüsselt.

iTunes ist ein Multimedia-Verwaltungsprogramm von Apple zum Abspielen, Konvertieren, Brennen, Organisieren und Kaufen von Musik, Hörbüchern, Podcasts, Filmen, iPod-, iPhone- und iPad-Apps.

Identitätsdiebstahl *(engl. "Identity theft")* Übernahme einer fremden Identität, um mit deren persönlichen Daten Missbrauch zu treiben, zB E-Mails senden und empfangen, Krankenkassenleistungen in Anspruch nehmen, Bankkonten einrichten, Kreditkarten ordern und auf Kosten des Geschädigten leben.

IKT (**I**nformations- und **K**ommunikations**T**echnologie) Zusammenführung der Bereiche Informationserfassung, -speicherung und –verarbeitung sowie der Techniken im Bereich der Kommunikation

Infrastruktur Begriff, der die für die Datenverarbeitung genutzten Gebäude, Räume, Energieversorgung, Klimatisierung und Verkabelung zusammenfasst.

Informationen Kenntnisse (Details) über Dinge oder Vorgänge. Damit Informationen vom Computer verarbeitet werden können, müssen sie erst in ein einheitliches System gebracht werden. Erst dann spricht man von Daten.

Information Diving Aus alten, entsorgten Geräten lassen sich Daten rekonstruieren, die für betrügerische Zwecke verwendet werden können.

Instant Messaging (IM) Kommunikationsmethode, bei der sich zwei oder mehr Teilnehmer per Textnachrichten unterhalten (chatten). Die Teilnehmer müssen dazu mit einem Computerprogramm (genannt *Client*) über ein Netzwerk wie das Internet direkt oder über einen Server miteinander verbunden sein. Viele Clients unterstützen zusätzlich die Übertragung von Dateien und Audio- und Video-Streams.

Integrität Sicherstellung der Korrektheit (Unversehrtheit) von Daten und der korrekten Funktionsweise von Systemen, zB dass die Daten vollständig und unverändert sind. *Integrität* umfasst somit Betriebssicherheit (Schutz vor Übertragungsfehlern) und Angriffssicherheit (Schutz vor vorsätzlicher Veränderung).

ITSEC (***I**nformation **T**echnology **S**ecurity **E**valuation **C**riteria*) europäische Sicherheitsstandards, mit denen die Bewertung und Zertifizierung der Sicherheit von IT-Systemen geregelt werden.

IT-Sicherheit Der Zustand, in dem Vertraulichkeit, Integrität und Verfügbarkeit von Informationen und Informationstechnik durch angemessene Maßnahmen geschützt sind.

IT-System Der Begriff umfasst alle technischen Anlagen, die der Informationsverarbeitung dienen und eine abgeschlossene Funktionseinheit bilden. Typische IT-Systeme sind Server, Clients, Einzelplatz-Computer, Mobiltelefone, Router, Switches und Sicherheitsgateways.

Junk (Plunder, Abfall) Unerwünschte, auf elektronischem Weg übertragene Nachrichten (siehe auch **Spam**).

Kryptografie befasst sie sich mit dem Thema Informationssicherheit. Dazu gehören die Konzeption, Definition und Konstruktion von Informationssystemen, die widerstandsfähig gegen unbefugtes Lesen und Verändern sind.

LAN *(Local Area Network)* Netzwerk innerhalb eines Gebäudes, meist mit Netzkabel und als Client – Server verbunden.

Link / Hyperlink Verknüpfungen zu Textstellen oder Dokumenten. Wenn ein Link angeklickt wird, so ruft das Programm (im Internet der Browser) dieses Dokument oder diese Textstelle auf.

Login (Benutzeranmeldung) So bezeichnet man den Vorgang, sich in einem Computersystem oder bei einem speziellen Dienst anzumelden (*einloggen*). Der Vorgang dient dazu, dem System mitzuteilen, dass man nun als Benutzer anwesend ist und eine Sitzung beginnt. Das System kann dadurch die Rechte des Benutzers überprüfen. Bei einem Login wird meistens auch ein Passwort abgefragt, das zur Authentifizierung dient und normalerweise nur dem Benutzer bekannt ist, der die entsprechenden Rechte besitzt.

Als **Logout** (Benutzerabmeldung) bezeichnet man den Vorgang, sich bei einem Computersystem als Benutzer oder von einer geschützten Internetseite abzumelden.

MAC Adresse *(Media Access Control)* ist die eindeutige Kennung einer Netzwerkkomponente. Jede MAC Adresse ist weltweit einmalig und kann so die Netzwerkkomponente eindeutig identifizieren.

Makrovirus Virusart, die keine ausführbaren Programme (zB exe-Dateien), sondern Dokumente infiziert. Makroviren bedienen sich nicht einer gewöhnlichen Programmiersprache, sondern einer Makrosprache, um Dokumente zu infizieren, sich weiter zu verbreiten und evtl. Schäden auf dem Rechner zu verursachen.

Malware (Schaden verursachende Software) sind Computerprogramme, die entwickelt wurden, um beim Benutzer unerwünschte und möglicherweise schädliche Funktionen auszuführen. Malware wird als Über- bzw. Sammelbegriff verwendet, um die Vielzahl von schädlicher oder unerwünschter Software und Programmen zu beschreiben.

Netzwerk Mehrere Computer werden miteinander verbunden, um damit Daten auszutauschen und zu kommunizieren.

Netzkriminalität Computerkriminalität; Bezeichnung für im Internet getätigte Handlungen, die als gesetzeswidrig oder als Straftat angesehen werden.

Online Unter diesem Begriff werden alle Aktionen beschrieben, die direkt vom Computer auf einem Peripheriegerät (Drucker) oder im Internet erfolgen. Ist der Zugang zu diesem Medium nicht gegeben, so nennt man das *Offline*.

Outsourcing bezeichnet eine Unternehmensstrategie, bei dem das Unternehmen einzelne Aufgaben, Teilbereiche oder sogar ganze Geschäftsprozesse an Drittunternehmen auslagert. Durch Auslagerung solcher Arbeitsbereiche kann sich das Unternehmen auf das Kerngeschäft, also die eigene betriebliche Leistungserstellung, konzentrieren. Gefahren: die Abhängigkeit zum Dienstleister.

Phishing Das verbrecherische Erschleichen vertraulicher Daten wie PINs oder Passwörter im Internet, zB unter Vorspiegelung einer anderen Identität oder gefälschter Website.

PIN Persönliche Identifikationsnummer ist eine nur einer oder wenigen Personen bekannte Zeichenfolge, mit der man sich gegenüber einer Maschine authentifizieren kann.

Plug-in (auch als **Add on** bezeichnet) Computerprogramm, das in ein anderes Softwareprodukt eingebunden wird und damit dessen Funktionalität erweitert. Weit verbreitete Beispiele für Plug-ins sind etwa Flash oder das Java-Plug-in für Webbrowser.

Pretexting Praktiken, bei denen unter Vorspiegelung fremder Identität personenbezogene Daten eingeholt werden, um diese in späterer Folge für weitere Betrugsaktivitäten zu verwenden. Pretexting erfolgt vor allem per Telefon.

Protokoll (engl. "*protocol*") Festlegung, wie Dateien im Internet gesendet werden. Durch Angabe des Protokolls bei der Übertragung der Daten weiß der empfangende Rechner, wie diese Daten zu lesen oder darzustellen sind. Für den Datenverkehr mit dem Internet ist eine ganze Protokollgruppe zuständig: TCP/IP.

Proxy Stellvertreter in Netzen. Er nimmt Daten von einer Stelle an und leitet sie an eine andere Stelle im Netz weiter. Mittels eines Proxys lassen sich Datenströme filtern und gezielt weiterleiten.

Risikoanalyse (*engl. "Risk Assessment/Analysis"*) Mit einer Risikoanalyse wird untersucht, welche schädigenden Ereignisse eintreten können, wie wahrscheinlich das Eintreten eines schädigenden Ereignisses ist und welche negativen Folgen der Schaden hätte.

Rootkit Schadprogramm, das manipulierte Versionen von Systemprogrammen enthält. Diese sollen es einem Angreifer ermöglichen, zu verbergen, dass er sich erfolgreich einen Zugriff mit Administratorenrechten verschafft hat, so dass er diesen Zugang später erneut benutzen kann.

Router Gerät, das Daten innerhalb eines Datennetzes anhand ihrer Zieladresse auswertet und diese weiterleitet. DSL-Router verbinden lokale LAN- oder WLAN-Systeme über eine integrierte Firewall mit dem Internet.

Schadprogramm / Schadsoftware / Malware Diese Begriffe werden häufig synonym benutzt. Malware ist ein Kunstwort, abgeleitet aus *"**Mal**icious soft**ware**"* und bezeichnet Software, die mit dem Ziel entwickelt wurde, unerwünschte und meistens schädliche Funktionen auszuführen.

Screen-Sharing oder **Desktop-Sharing** Die Übertragung des Bildschirminhalts eines Computers an einen oder mehrere andere Computer. Für Benutzer an entfernten Computern entsteht dadurch der Eindruck, sich direkt vor dem entfernten Computer zu befinden.

Server (Diener) So bezeichnet man einen Computer, der Daten oder Ressourcen (Speicherplatz, Drucker) innerhalb eines Netzwerkes für andere Computer zur Verfügung stellt. Der Server verwaltet die Zugangsberechtigungen und steuert die Reihenfolge der eingehenden Aufträge der Clients. Der Begriff Server ist auch in einem Peer-to-Peer-Netzwerk für den dienstanbietenden Rechner gebräuchlich.

SIM-Karte (*__S__ubscriber __I__dentity __M__odule*) Eine Chipkarte, die in ein Mobiltelefon eingesteckt wird und zur Identifikation des Nutzers im Netz dient. Mit ihr stellen Mobilfunkanbieter Teilnehmern mobile Telefonanschlüsse und Datenanschlüsse zur Verfügung.

Skimming englischer Begriff für das Ausspähen von Daten aus Kredit- oder Bankomatkarten. Dabei werden die Daten von Magnetstreifen ausgelesen und auf gefälschte Karten kopiert.

SMS *(__S__hort __M__essage __S__ervice)* Ein Telekommunikationsdienst zur Übertragung von Textnachrichten. Er wurde zuerst für den Mobilfunk entwickelt und ist nun in verschiedenen Ländern auch im Festnetz als Festnetz-SMS und über Computer verfügbar.

Social Engineering (angewandte Sozialwissenschaft, auch soziale Manipulation) zwischenmenschliche Beeinflussungen mit dem Ziel, unberechtigt an Daten oder Dinge zu gelangen. Meist dient Social Engineering dem Eindringen in ein fremdes Computersystem, um an vertrauliche Daten zu gelangen.

Social Media Medien (Plattformen), die die User über digitale Kanäle in der gegenseitigen Kommunikation unterstützen und interaktiven Austausch von Informationen bieten.

Spam oder **Junk** (Abfall oder Plunder) E-Mails, die dem Empfänger unverlangt zugestellt werden und meistens Produktwerbung betreffen.

Spoofing Methode, mit der Personen, sog. Spoofer, die wahre Identität verschleiern, um mit dieser falschen Identität Informationen einzuholen, zB eine Person, die sich als Elektriker ausgibt, um die Leitung zu überprüfen, tatsächlich aber ausspioniert, ob sich ein Einbruch lohnen würde.

Spyware Programme, die heimlich, also ohne darauf hinzuweisen, Informationen über einen Benutzer bzw. die Nutzung eines Rechners sammeln und an den Urheber der Spyware weiterleiten, zB Surfverhalten oder Passwörter.

Suchmaschine Programm, das Webseiten findet, in denen der eingegebene Suchbegriff vorkommt (Google, Microsoft Life Search, Yahoo).

TAN Transaktionsnummer ist ein Einmal-Passwort, das üblicherweise aus sechs Zeichen besteht und vorwiegend im Online-Banking verwendet wird.

Trojanisches Pferd oder kurz **Trojaner** genannt, ist ein Programm mit einer verdeckten, nicht dokumentierten Funktion oder Wirkung. Ein Trojanisches Pferd verbreitet sich nicht selbst, sondern wirbt mit der Nützlichkeit des Wirtsprogrammes für seine Installation durch den Benutzer.

Urheberrecht schützt die materiellen und geistigen Interessen des Verfassers eines Werkes und dessen geistige Schöpfung. Besondere Bedeutung erlangen diese Regelungen bei der Verwertung von Ton- und Bildträgern in Form von CDs und DVDs

URL *(Uniform **R**essource **L**ocator)* weltweit eindeutige Internetadresse (Webadresse), mit der sich Webseiten aufrufen lassen.

USB *(Universal **S**erial **B**us)* Serieller Anschluss mit genormtem Stecker und Buchse. Hat sich als Anschluss-System für Peripheriegeräte durchgesetzt.

Verfügbarkeit Daten müssen innerhalb eines festgelegten Zeitraums problemlos abgerufen werden können. Das beinhaltet auch die Zugriffszeit auf den Datenträger und die Darstellung am Monitor.

Verschlüsselung (*Chiffrieren*) transformiert einen Text unter Verwendung von einer Zusatzinformation, dem "Schlüssel", in einen Geheimtext, der für diejenigen, die den Schlüssel nicht kennen, nicht lesbar sein soll. Die Umkehrtransformation - die Zurückgewinnung des Klartextes aus dem Geheimtext – nennt man Entschlüsselung.

Vertraulichkeit Vertrauliche Daten und Informationen dürfen ausschließlich Befugten in der zulässigen Weise zugänglich sein.

Virensignatur Ein Vergleichsmuster, das von Anti-Virus-Programmen zur Identifizierung von Viren verwendet wird. Diese Vergleichsmuster werden von den Herstellern der AV-Programme regelmäßig veröffentlicht, um damit ihre Software zu aktualisieren.

Virus Computer-Virus ist eine Programmroutine, die sich selbst reproduziert und dadurch vom Anwender nicht kontrollierbare Manipulationen in anderen Programmen vornimmt.

Vishing abgeleitet von **Phishing** jedoch über **VoIP**. Dabei werden mittels automatisierten Telefonanrufen persönliche Daten (zB Kontonummer, Kennworte) ausgeforscht.

VoIP *(**V**oice **o**ver **I**nternet **P**rotokoll)* Zusammenfassender Begriff für Technologien, die das Telefonieren über das Internet ermöglichen.

VPN ***(V**irtual **P**rivate **N**etwork)* gesicherte Verbindung zwischen privaten Netzwerken unter Verwendung des öffentlichen Netzwerks, wie es das Internet ist. Um die Daten vertraulich zu halten, werden die Daten verschlüsselt über das öffentliche Netz geschickt.

WAN ***(W**ide **A**rea **N**etwork)* Netzwerk, das über weite Entfernungen aufgebaut ist. Verbindungen über Standleitungen, Funk oder Internet.

Website (Webauftritt) Veröffentlichung eines Unternehmens, einer Organisation oder einer Privatperson im Internet. Eine Website umfasst mehrere Seiten. Die erste Seite, die mittels Links auf die Folgeseiten verweist, nennt man *Homepage*.

Wi-Fi Direct ist ein Standard zur Datenübermittlung zwischen zwei WLAN-Endgeräten *ohne* zentralen Access Point.

Wi-Fi Protected Access (**WPA**) Verschlüsselungsmethode für Drahtlosnetzwerke (Wireless LAN). Dieser Standard wurde 2003 eingeführt und ist bereits durch **WPA2** erweitert bzw. verbessert.

Wikis auch WikiWebs, sind im World Wide Web verfügbare Seitensammlungen, die von den Benutzern nicht nur gelesen, sondern auch online geändert werden können.

Wired Equivalent Privacy (**WEP**, Verdrahtete (Systeme) entsprechende Privatsphäre) ehemalige Standard-Verschlüsselungsalgorithmus für WLAN. Er sollte sowohl den Zugang zum Netz regeln, als auch die Vertraulichkeit und Integrität der Daten sicherstellen. Gilt inzwischen als unsicher. Die Berechnung des Schlüssels aus einigen Minuten aufgezeichneter Daten dauert normalerweise nur wenige Sekunden. Daher sollten WLAN-Installationen die sicherere WPA2-Verschlüsselung verwenden.

WLAN ***(W**ireless **L**ocal **A**rea **N**etwork)* Drahtlose Netze, die auf der als IEEE 802.11 bezeichneten Gruppe von Standards basieren.

World Wide Web (www) Summe aller Webauftritte, deren Inhalte mit Suchmaschinen durchforstet werden können. Die Inhalte sind über Stichworte verbunden, so, dass man über diese *Hyperlinks* von Thema zu Thema weitergeleitet wird (surfen).

Wurm Schadsoftware, ähnlich einem Virus, die sich selbst reproduziert und sich durch Ausnutzung der Kommunikationsschnittstellen selbstständig verbreitet.

Zugang Nutzung von IT-Systemen, System-Komponenten und Netzen.

Zugangsberechtigung erlaubt einer Person, bestimmte Ressourcen wie IT-Systeme bzw. System-Komponenten und Netze zu nutzen.

Zugriff Nutzung von Informationen bzw. Daten.

Zugriffsberechtigung regelt, welche Personen im Rahmen ihrer Tätigkeit bevollmächtigt sind, Informationen, Daten oder auch IT-Anwendungen zu nutzen.

ANHANG

MICROSOFT SKYDRIVE[5]

Microsoft SkyDrive aktivieren und darin arbeiten

Zur Nutzung der Datenspeicherung im Internet benötigen Sie ein „Laufwerk in der Wolke".

1. Steigen Sie in die Website zu Ihrem Microsoft-Konto (www.live.de oder www.hotmail.com oder www.outlook.com) ein.
   Wenn Sie bereits ein Microsoft-Konto besitzen und sich mit dieser Kennung als Benutzer in Windows angemeldet haben, kommen Sie sofort auf Ihr Microsoft-Konto.
   Sollten Sie noch kein Konto bei Microsoft haben, oder über ein reines Windows-Benutzerkonto eingestiegen sein, so melden Sie sich wie nachstehend abgebildet an.

2. Aktivieren Sie **SKYDRIVE**

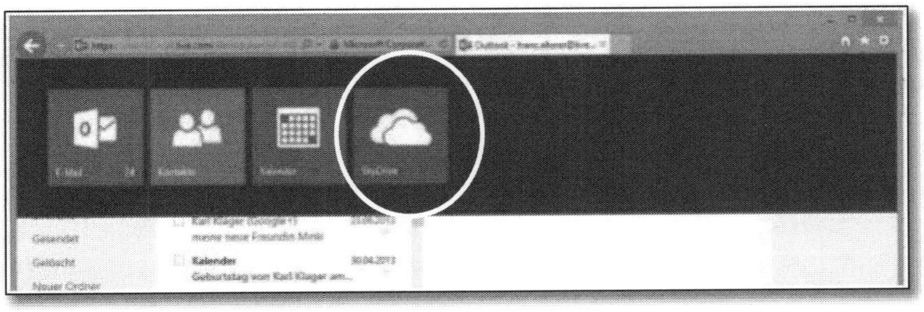

[5] von Microsoft nunmehr **OneDrive** genannt

Es öffnet sich nun Ihr persönliches virtuelles Laufwerk. Hier können Sie Ordner anlegen, Dokumente oder Excel-Mappen erstellen oder bestehende Dateien von Ihrer Festplatte hochladen.

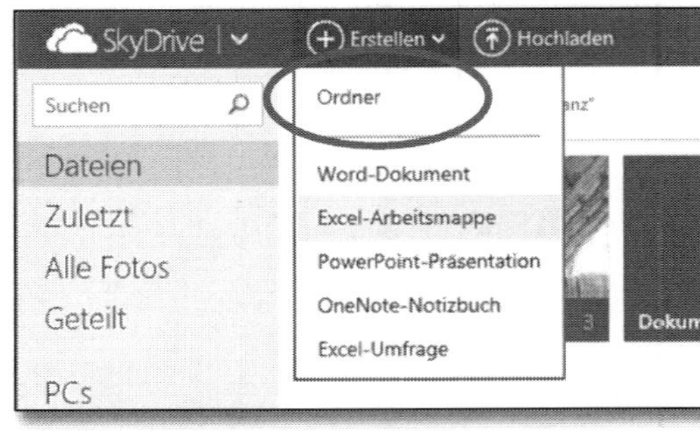

3. Wählen Sie aus dem Menü **Erstellen** den Eintrag **Excel-Arbeitsmappe** und Sie können Ihre Tabelle ausfüllen. Sie arbeiten nun in einem Programm, das nicht auf Ihrer Festplatte gespeichert ist.

4. Die fertige Mappe kann nun im Register **Datei /Speichern unter** im *SkyDrive* abgelegt werden.

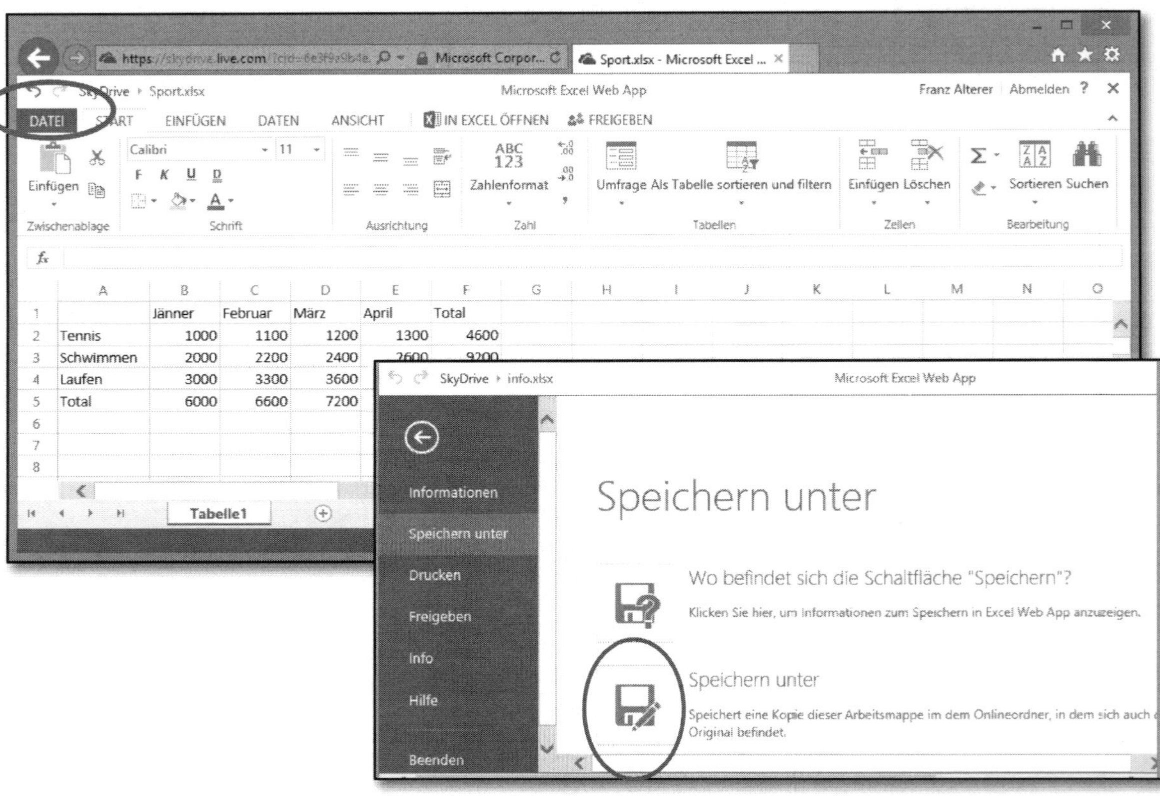

5. Wollen Sie die Tabelle in Excel Ihres PCs öffnen, so aktivieren Sie das Register **In Excel öffnen**.
   Das Programm wird gestartet und Sie werden nach Ihrem Konto und dem dazugehörenden Passwort gefragt. Danach wird die Mappe auf Ihrem PC geöffnet.

Bearbeitete Datei freigeben und teilen

Die Excel-Mappe kann auch für andere Personen freigegeben werden. Dazu aktiviert man das Register **FREIGEBEN**

In einem neuen Fenster werden Empfänger, Berechtigungen und die Art der Weitergabe festgelegt.

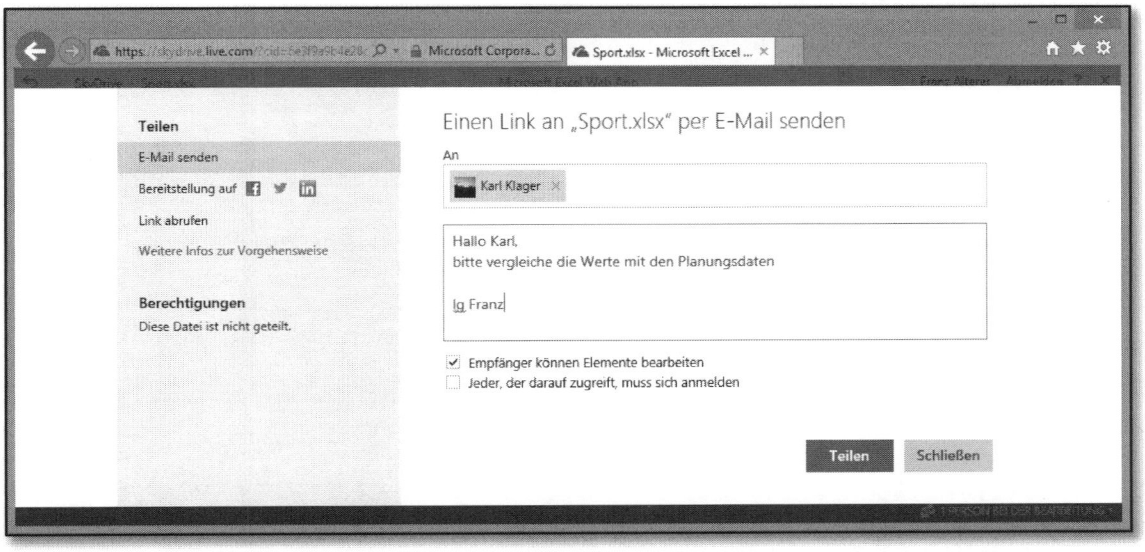

SkyDrive aufrufen

Ist *SkyDrive* bereits aktiviert, so finden Sie auf Ihrem *Start-Bildschirm* die Apps-Schaltfläche **SKYDRIVE**, die den Ordner anzeigt, über den die Daten mit der „Wolke" verbunden sind.

Im *Explorer* ist dieser Ordner in den *Favoriten* gelistet und beinhaltet alle darin abgelegten Dateien.

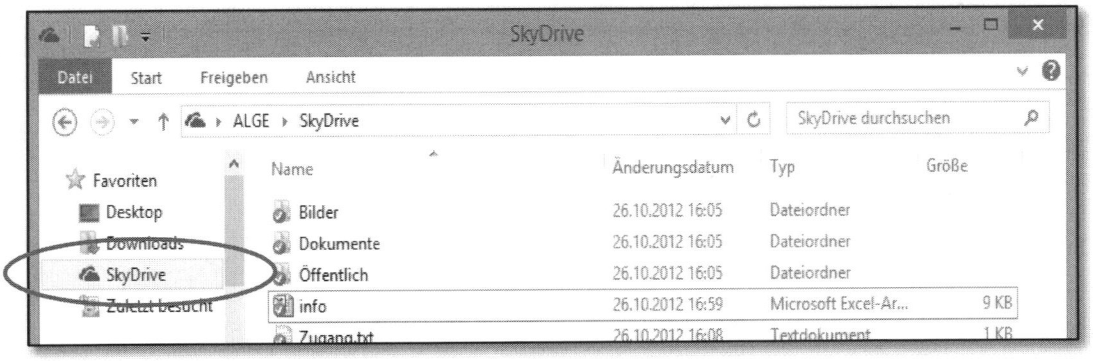

Fotos organisieren und in SkyDrive speichern

Sie haben eine große Anzahl von Fotos, die an verschiedenen Orten gespeichert sind. Einige sind auf dem PC, andere werden bei SkyDrive gespeichert andere wieder bei Fotofreigabediensten wie Flickr oder Facebook und viele sind noch auf Ihrem Handy. Die Art und Weise, wie und wo wir unsere Fotos speichern und weitergeben, hat sich verändert. Bilder werden nicht mehr in Alben geklebt sondern digital gespeichert und die Weitergabe erfolgt durch Veröffentlichung in einem freigegebenen Ordner oder durch Versenden mittels E-Mail. Dazu benötigen wir einen Ort, an dem wir alle Fotos verwalten, ansehen und verteilen können.

Picture Manager

Ein Produkt, bei dem Sie neben der Organisation Ihrer Fotos diese auch bearbeiten können ist der *Microsoft Picture Manager*. Dieses Produkt ist jedoch nicht in Windows integriert sondern Bestandteil von *MS Office*.

Mit diesem Programm können auch Bildbearbeitungen durchgeführt werden. Die Befehle entsprechen etwa jenen, die bereits aus anderen Office-Programmen im Register **BILDTOOLS /FORMAT** bekannt sind.

INDEX

A

B

C

D

E

F

G

H

I

J

K

L

M

O

P

R

S

T

U

V

W

Z